高齢者カウンセリング

傾聴からはじまる出会い

原 千恵子

学苑社

はじめに

２００９年に『傾聴・心を聴く方法——高齢者支援のための理論と実践』（学苑社）を出版しました。地域のボランティア活動の活発化、カウンセリングの流行などに呼応して予想に反して受け入れられました。大学の補助教材としても用いています。

傾聴講座を中心とした傾聴ボランティア活動の支援は藤沢市（２００７～２０１０年）、群馬県太田市（２００９～２０１４年）、群馬県内（２００９～２０１１年）、消費生活センター（２０１１年）など、広範囲にわたって実施しました。

前版では藤沢市の活動を中心に述べましたが、今回は群馬県を中心としたその他の地域の活動を付け加えました。３章に載せた傾聴講座を受講した人々の感想は、主として群馬県太田市で実施した時に参加して下さった方

たちから寄せられたものです。傾聴講座でどんなことを受け止めていただけたかを知ることができます。長い間カウンセリングを続けていますが、心を伝え、受け止める方法に正解はなく、どのように感じたかを語っていただけたことは貴重な資料となりました。心より感謝申しあげます。4章での「現場での傾聴」体験を含めて読者には参考になるものと思います。

なお1章、2章については大きな修正はしていません。語句などを改めた程度です。

高齢者施設を訪問し、訪問セラピーと名付けた「傾聴」によるセラピーを12年間続けました。これまでに多くの施設を訪問しましたし、訪問回数も全体で400回近くになりました。本当に沢山の高齢者とお話を続けてきました。

訪問セラピーは基本的に社会人、学生らのボランティアによるものです。一般的なボランティアとの違いは、目的を高齢者の心理ケアとし、高齢者から語られる話を丁寧にしっかり聴くことにおいている点です。聴くことをもっとも重要な目的としました。

傾聴活動を続けていくうちに、高齢者の方々と親しくさせていただきました。そして高齢者の方たちはだんだんと元気になっていきました。また私たちも高齢者から沢山のことを学び、「生きる」ことのお手本にさせていただきました。

そこで、多くの人々に老人ホームを訪問して高齢者の話に耳を傾けてほしい、そうしたら高齢者も楽しいし、訪問者にとっても得ることが大きいに違いない、と考えたのです。

しかし、傾聴は一般的に考えられているほど簡単ではないので、傾聴ボランティアをする場合に研修の機会が必要だと考えていました。幸い２００７年より、Ｆ市で市民のための傾聴ボランティア講座を持つ機会を得ました。研修に参加されたのは看護師、ケアワーカーなどの専門的経歴がある方が数人いましたが、多くは定年退職後の方、主婦の方たちでした。中には夫婦で参加された方もいました。参加者の講義に対する熱意は厚く、圧倒される思いでした。この研修を通して一般市民の方々が傾聴に必要な知識や技術を学べば、優秀な聴き手になるだろうと確信しました。そして話を聴くことにより、高齢者から人生の知恵を学ぶことができ、自分の生き方を見直したり、新たな出発も可能だと思いました。

傾聴のための講座として、カウンセリングの基礎を中心に講義やロールプレイを行い、４日間の実習も取り入れました。研修としての講義だけなら比較的簡単なのですが、施設などで実習することには種々の困難が伴います。これまで実施されてきた傾聴講座では、実習は行っていません。しかし研修の受講者にとって、実習は貴重な機会なので諸問題を解決して実施したのです。

本書はこのように実践活動を目標としながら、傾聴やカウンセリングの基礎についてまとめたものです。

1章では、傾聴の理論と方法について、ロジャーズの理論を中心に紹介していきます。ロジャーズの理論に関しては沢山の書物が出ていますが、私はできるだけロジャーズが書いた翻訳書から、分かりやすく忠実にお伝えしようと思います。そこから学ぶことにより、カウンセリングの基本が理解できると思うからです。私自身、長い間、傾聴やカウンセリングを実践してきていますが、基本はいつもロジャーズであり、ロジャーズの理論は古くても新しい問題に対処できると考えています。

本書ではロジャーズ以前の、そもそも臨床心理学のはじめから書いてみました。大きな視点から傾聴を見れば、傾聴の意味がよりはっきり分かるし、もっと本格的にカウンセリングの勉強をしたい人には、その動機づけになればと思ったからです。

2章では、高齢者の心を理解するために、高齢者の心理について触れました。

3章と4章ではこれから傾聴をはじめる人の参考になるように傾聴の実際について述べました。

カウンセリングでは相談を受ける人をカウンセラー、相談のために来談する人をクライエントと呼びます。傾聴での呼び方は特に定義されていません。カウンセラーを傾聴する人、クライエントを傾聴の対象者、と置き換えて理解していただければと思います。カウンセラー・クライエントと傾聴の聴き手と話し手とを厳密には分ける必要があるものと思いますが、特にカウンセリングの基礎を説明する時には、傾聴も含めて理解していただきたいと思います。

人の心に寄り添い、人生の最終段階を幸せにすごせるようなケアを実現するために「傾聴」がより多くの人々に実践され、高齢者に役立つことを期待しています。

目次

第1章　傾聴について

第3章　傾聴を学んで――受講者の感想

第4章　現場での傾聴

装丁・有泉武己

第1章　傾聴について

1　傾聴とは

「傾聴」という言葉は耳慣れない言葉ですが、だいぶ一般的になり、最近は特に福祉関係の仕事をしている人々の間では普通に理解されるようになってきました。もともとカウンセリングの中で使われる言葉から出てきたのですが、辞書をひきますと、傾聴とは「耳を傾けて熱心に聴く」とあります。「きく」には「聞く」、「訊く」、「聴く」などの表現がありま す。「聞く」は普通に聞くこと、「訊く」は尋ねること、「聴く」は身を入れて聞く、または心を込めて聞くことです。一般的にはそのような意味ですが、傾聴という言葉は、カウンセリングでは専門用語として使われます。そこで、傾聴を実践しようとしても、一朝一夕にできるものではありません。

ではどのようにしたら傾聴ができるのか、を考えてみたいと思います。「耳を傾けて熱心に聴く」方法はあるのか、どうしたら相手にそれが伝わるのか、また重大なことが語られた時に聴いたまま放っておいていいのか、相手が黙ったまま何も言ってくれない時はどうしたらいいのか、などなどちょっと考えただけでも傾聴には沢山の疑問がわいてきます。故に「聴く」ことについては学んだり、体験したりする必要があります。

○今、なぜ傾聴か――心の理解

福祉領域で「傾聴」が重視されてきているのはなぜでしょうか。その理由として、端的にケアの中で心の重要さが注目されるようになってきたことがあげられます。老人福祉におけるケアは、これまで目に見える具体的なケア、たとえば身体介護をはじめ、入浴介助、食事介助、家事援助などが中心になされてきましたが、次第に目に見えない心のケアの重要性に関心が向けられるようになってきました。言葉によるケアと言ってもいいかもしれません。心を理解することが、その他のケアと同じように重要であるという意識が浸透しつつあります。人をケアする際に、ケアを受ける人、一人ひとりに対する理解と配慮が必要だという考えが深まってくるに従い、表面的なケアではなく、利用者に応じた心に寄り添うケアが重要視され、ケアの内容に心が含まれてきたということです。

心をケアすること、つまり心を理解するための手近な方法こそが、利用者の話を「耳を傾けて熱心に聴く」こと、つまり「傾聴」なのです。「聴く」ことが心の問題を解決し、豊かな生活につながることが次第に分かってきました。

「傾聴」は、一生懸命聴いてその内容を理解することですが、聴き手は、その過程で自然に話し手の人格を尊重するようになります。また「傾聴」では話し手が「話してよかった」

と感じられるような聴き方を大事にしています。このように感じてもらうことも、話し手への心のケアにつながるからです。

さらに傾聴は、話し手と聴き手の人間関係についても変化をもたらします。これまでの面接では、聴き手は、福祉を利用している話し手である対象者に対して無意識に聞いてあげる、といった関係になりがちに思えましたが、傾聴では、その関係を払拭し、話し手と聴き手が同等の関係を築き、聴き手はひたすら話し手の話をじっくり聴くという関係になりました。すなわち、傾聴における関係は、話し手、聴き手の間の民主的な信頼に基づいた関わりが基盤となり、その上で真に対象者を尊重する関係ということになります。したがって傾聴はこれまでの福祉のあり方を変えるほどの大きな意味を持っています。

○ 訪問による傾聴

施設には傾聴専門の職員やカウンセラーはいません。介護職員が介護をしながら入居者の話を聴くことがたてまえとなっていますが、職員は忙しくそこまで手が回らない、というのが多くの施設での実態です。

そこで外部から傾聴のために施設へ訪問するという形は、職員が足りないためにやむを得ない方法とも言えますが、聴き手にとっても、話し手にとってもそれはむしろ有効な方法でもあります。というのは、入居者にとって傾聴の日だけ会って話を聴いてくれるけれども、日常は一緒にいない、という訪問による傾聴は、話した内容が日常生活に影響することがなく、心を開いて何でも話せる、という安心感と気楽さがあります。決まった日に来るということにより、話し手は次回に何を話そうかと話す内容を考えておくこともできます。非日常的で新鮮でもあります。

さらに、訪問という形態をプラスに考えるなら、施設が傾聴ボランティアを受け入れることは、施設と社会との関係をつくることになり、広い意味で施設のバリアーフリーにもつながります。施設にとっても有効です。このような観点から見ても訪問による傾聴は今後、さらに発展していく分野だと予想されます。

◎傾聴とカウンセリングの違い

「利用者の若い頃のことを聴き、分からないことだらけだったのでうなずいていただけでした。それでいいのでしょうか」と、施設実習で傾聴をした人から質問を受けたことがありました。実際に傾聴活動をすると分からないことだらけですが、ここで質問した人は、傾聴の方法について尋ねているのだと思います。しかし、いわゆる傾聴についての理論や実際について明確な学問的背景はありませんので、その方法も確立されたものはないのが現状です。したがって傾聴には、大変、曖昧な部分があります。しかし、傾聴という言葉はカウンセリングの中で使われる言葉であり、実際にはカウンセリングにかなり近い活動である、と言えます。もちろん、全く違う側面もありますが……。

そこで、現在実施されている傾聴活動が目指すものはなにか、について考えてみることにします。ここでは、訪問などによる傾聴とカウンセリングの実際の違いはどのようなものかについて考えてみたいと思います。

資格について

カウンセラーにはまだ国家資格はありませんが、それに代わる臨床心理士などの資格があります。カウンセラーとして働くためには専門家として社会的に通用する資格が必要です。つまり、カウンセリングは専門家が心理療法として実施するものです。一方、傾聴はそのような資格を必要としていません。今のところ誰にでもできるものです。傾聴ボランティアという言葉が、徐々に社会的に認知されつつありますが、傾聴は、「ボランティアが話を聴く」ということに定着しているようです。専門性から見ると、傾聴は非専門的で比較的容易であり、特に問題を解決するためではなく日常的な話を聴く、といった印象があります。しかし、資格は必要としませんが、実際には基礎的な知識や技術が必要です。

活動する場について

カウンセリングでは、クライエントがカウンセラーのところへ出向きます。主として専門家が相談室などの一定の場所で、カウンセリングの知識や理論に基づいて心理療法として行います。

一方、傾聴活動では場所は特定せず、施設であったり、自宅であったりしますが、通常は傾聴する人が傾聴を必要とする人のところへ出向いて実施します。この出向いて聴く、ということはかなり重要なことであり、今後、傾聴活動の有効性として発揮できるところだと思います。クライエントが出向くのが従来のカウンセリングの方法で、考え方として大きく変わっています。つまり、必要としている人のところへ行って傾聴することにより、まず考えられることは、対象者の拡大です。外出できない寝たきりの人、末期患者など重度や重症の人たちをも対象とすることができる、ということです。さらに、在宅で生活している一人暮らしの高齢者も対象とすることができます。

対象者について

傾聴は現在のところ、ボランティア活動として高齢者、障害者、病人などを対象としています。多くの場合傾聴の対象とされている人たちは、福祉や医療ケアの対象者で、一般的にケアの下で社会の一線から退いて生活している人が多いようです。一方、カウンセリングの対象者は、社会の中でつぎのような問題に直面しています。①困難な状況における不適応、

②神経症（恐怖症、強迫神経症、不安神経症）、③心身症（心因性であるけれども循環器系、呼吸器系、消化器系など体に症状が出ている人）、④薬物依存、⑤境界例パーソナリティ、⑥非行、⑦虐待・家庭内暴力、⑧精神病等々。問題の範囲は広く、深いと言えます。

しかし、傾聴の対象者も、ケアの下にあるといってもうつ状態の人、神経症、精神病、認知症の人もいるわけですから、対象者の持っている問題について軽重を比較することは困難です。また元来、悩みや問題の重さは比較できるものではありません。そう考えると、傾聴とカウンセリングの対象者の差を判断することは容易ではありません。

内容・方法について

傾聴はカウンセリングにおいても、必要十分条件とも言われます。したがって、人の心に関わることに関しては傾聴もカウンセリングも同じです。しかし、対象者の範囲、問題の深さ、治療するか否か、対処法などにおいて違いは確かにあります。カウンセラーが専門家として関わるのに対して、傾聴する人は、話し手が深く困難な問題を持っている場合は、自分では受けず専門家につなげることが必要です。しかし、どのような問題が深く、困難な問題であるかを判断するのは難しいことです。そこで傾聴する人も、精神的な問題や異常に対する理解や関心を持ち、知識を深めておく必要があります。また、ひとりで判断しないで相談できる仲間を持ったり、困難な問題については施設職員に相談したりすることも重要になります。したがって、傾聴はカウンセリングとは違いますが、カウンセリングで対応するような対象者や問題でもあることを意識して実施する必要があります。また、傾聴においても対象者の心に関与することなので、聴いたことの責任は伴います。

問題の対応について

問題をなおすということ、つまり治療という視点から見ると、カウンセラーが積極的に治療へ向かって努力するのに対して、傾聴は治療に積極的ではありません。話を聴くことを中心に対象者の今、現在の状態を受け止めることに専念します。傾聴の結果、対象者が生活しやすくなるとか、生き生きとした生活ができることが目的です。しかし、これはある意味で治療とも言えます。

問題に対しての向き合い方から言えば、傾聴は深くは入り込まず、導入といった意味があります。しかしながら、これも決して軽いことを意味するものではありません。心の問題は、考え方とか見方によって、だいぶ変わるからです。大きな問題で悩んでいたが気軽な気持ちで話してみた、あるいは傾聴する人がとても親切だったので話す気になった、というようなほんのちょっとしたきっかけで考えを変えるチャンスになり、問題が解決したということは多くあるからです。専門のカウンセラーに相談するよりも、施設に来る傾聴ボランティアに話した方が話しやすく感じられ、気持ちがスッキリしたということは大いにあり得ることです。傾聴はカウセリングと比較して治療に向けて積極的な努力はしない、さほど深く関わらないと言えますが、その差を厳密に指摘することはできません。

傾聴の役割

カウンセリングと傾聴の違いを簡単に比較してみると、以下のことがあげられます。はっきり線引きできることは資格の有無でしょうか。その他のところでは曖昧な部分も多いのですが、傾聴は資格を問わず、対象者の情緒安定や生活の質を高めるなどの目的のために、日常的な話し相手になることを目指します。

一般的には傾聴者は、施設入居者や一人暮らしの人の身近にいて、生活の中でのことを聴いたり、親身になって耳を傾けたりしてくれる人です。悩みや問題ばかりではなく、楽しかった体験も共有してくれる人です。そのような人がいることにより、対象者は孤独感から救われます。不安もなくなります。そして生きることが楽になります。このようなところに気軽に傾聴してくれる人の重要性があります。故に福祉や医療ケアの向上につながると考えるのです。

大事なことは、このような目的であっても深い内容が語られることがあるし、重い問題を持った人に対応することも多い、ということです。故に傾聴する人は、話された内容をしっかり受け止め、困難な問題はケアしている人や他の専門家につなげる、という役割を担っています。難しいのは、困難さが明確には分からず問題を意識できない場合も多いということです。

人間の心の複雑さ、曖昧さと言うべきか、問題の深さ、広がりに線引きができないので、傾聴する人も困難な問題に直面する可能性があり、大きな役割を担っていることが分かります。単純に聴けばよいということだけではすまない問題も多いのです。そこで、聴くためには、知識と技術が必要になってきます。この知識はカウンセラー養成の知識と基本的に同じものです。

さらに人の心に触れるということは人間関係を重視し、心を理解し合うことであり、知識ばかりではなく携わる人の人間性が問われます。この点に関して言えば傾聴もカウンセリングも全く同じです。双方とも健全で思いやりのある豊かな人格が期待されます。これは一朝一夕にできるものではありません。生涯をかけて追求するべき課題であり、自己を高めていく努力は常に必要となります。

◯ 聴き方の基本

「はじめに」で触れましたが、本書では傾聴の基本的知識としてロジャーズの来談者中心療法を紹介していきます。その理由については以下の通りです。

カウンセリングの歴史を見ると、時代によりある種のはやりのようなものがあります。日本にはじめて一種のカウンセリング・ブームを起こしたのは、１９５０年頃から１９６０年代にかけてのロジャーズです。私などちょうどその終わり頃、心理学科の学生でしたから、カウンセリングは、ロジャーズがすべてでした。明けても暮れてもロジャーズを学んでいたという記憶があります。私の記憶では、ロジャーズは日本の心理学者に「熱狂的」に受け入れられたという印象があります。なぜそのように受け入れられたかを考えてみると、ちょうどその頃、カウンセリングへのニーズが高まってきていたこと、ロジャーズの理論が基本的に心を込めて聴くことなど、やさしく分かりやすかったこと、「来談者中心療法」の言葉が示すように、それ以前の相談にあったような権威的でなく、人間性心理学とも呼ばれる個人の尊厳を最大に重んじたカウンセリングであったこと、それが戦後の民主主義の思想とも合っていたこと、さらに「ありのまま」や真の自分を受け入れるという基本的態度は、それ以前にすでにわが国にあった森田療法や禅などにも通じていて、受け入れやすかったことなどがあげられています。

その後、ロジャーズ理論に対しては、種々の批判、反論も出てきています。また、その他のカウンセリング理論や方法が外国から導入されたり、日本独自にも生まれてきています。実際、今、来談者中心療法だけに固執しているカウンセラーは少なく、ほとんどの場合、折衷派と言い、数種の方法を来談者に合わせて用いています。

しかし、多くのカウンセラーにとってロジャーズの理論はカウンセリングの基本であり、これをまず学んでから他の方法を身に付けるというのが一般的です。特に初心者にとって、ロジャーズの理論は面接の技術や方法をやさしく示してくれているので学びやすく、この方法を身に付けていれば間違いも少ないのです。

「人を信じ、人には本来的に自分を自分らしく花咲かせる力が備わっている。もしそうできないなら土壌を提供しよう、そうすれば誰でも自分の力で自分自身の道を歩んでいける」と言ったロジャーズのメッセージを、私ははるか昔、ロジャーズの教えを受けて帰国したばかりの教授から受けました。とても新鮮であったし、その後の人生をどれほど救ってくれたことでしょう。そして今、ロジャーズを読み返して、再び勇気をもらいます。

傾聴は、対象者を援助するだけではありません。傾聴する私たちにも力を与えてくれるものです。カウンセリングと傾聴には距離がありますが、カウンセリングの考え方や方法は傾聴に役立つものですし、「今」を生きる私たちにも力を与えてくれます。

◯ボランティアを越えて

傾聴は、聞くを越えた意味を持ち、ロジャーズの来談者中心療法ではカウンセリングの必要十分条件とされ、ロジャーズ理論の中心とも言えます。傾聴を理解するためには、やや専門的な言葉や概念や知識が必要ですが、ここでいう傾聴は専門家によるカウンセリングとは目的、対象者の範囲、問題の深さ、方法、対処法などにおいて違いがあります。しかし、責任を持って一生懸命聴くという姿勢にはカウンセリングと傾聴との間でなんら変わりはありません。そこで、本書では傾聴をカウンセリング入門として位置づけて考えたいと思います。

これまで傾聴は、ボランティアとして実施されることが多く、私も実際にボランティアのための傾聴講座を実施してきました。そこでの受講者は熱意を持って学び、聴き方もかなりのレベルに達することが分かりました。傾聴は今、ボランティアの仕事として位置づけられていますが、いずれ正規の仕事として福祉や医療領域に組み込まれる必要のある領域です。心に寄り添って当事者中心のケアを実施するとしたら、傾聴はとても大事な領域であるからです。

本書では、これから傾聴をしてみたいと思っている人々をはじめとして、訪問による傾聴を続けながら、それなりの評価をしてもらっていて、さらに活動を深めたい人、傾聴ボランティアを体験してみて、もう少し専門的に勉強してみたいと思っている人たちをも視野に入れています。したがって、ここでは臨床心理やカウンセリングについてやや専門的な内容に踏み込んで説明したいと思います。

2　心を癒すということ――心理療法

○心理療法とは

心理療法はカウンセリングとほぼ同じような意味で使われることもありますが、カウンセリングを日常生活の中で発生し、そこで解決できるやや軽度の問題の対応と考えるのに対し、心理療法は、それよりも深く重い問題に対応すると解釈されることもあります。実際には、心理療法とカウンセリングの差異は厳密に区別できません。しかし、カウンセリングも心理療法の中に含まれるので、ここで心理療法の意味について述べたいと思います。

心理療法という言葉は一般的にはあまり聞かれない専門用語です。具体的に説明しましょう。たとえば、気持ちが落ち込んで、これまでできたことができなくなってしまい、さらにその状態が進んで生きるのがつらくなってしまった時、つまり「うつ」の状態が重くなってしまった時、私たちは精神科を受診します。そして必要な薬を出してもらいます。医学が進歩してきたので、なぜうつになったのか、どんな薬がよく効くのか、について医学的にだいぶ分かってきたものの、原因の一端が分かり薬を処方されたとしても、それだけでうつがよくなることはあまりありません。なぜかと言うと心の病いの多くは、必ず人間関係などのなんらかの心理的な要因が関わり合っているからです。問題は社会的な関わり合いの中で発生します。ですから、人間関係などについての考え方や対応の仕方を変える必要があります。そこで専門家による心理療法を受けます。心の病気の場合、医学的な治療と同時に心理学的な治療も必要なのです。このように精神的な問題で悩んだり、苦しんだりしたときにはカウンセラーに相談します。そしてカウンセラーとともに解決に向けて努力します。つまり、「心理療法」を受けたということになります。

日常生活にある

うつといったような深刻な問題でなくても、日常生活の中でのつまずきや、ちょっとした他者との対立などでも私たちは結構悩みます。そんな時には、実際には身近にいる親や友達に相談することも多く、人に聞いてもらって解決した経験を私自身も沢山持っています。逆に他者に対して話を聞いてあげて援助することも多いのです。そのときの会話や助言は、専門家のそれと同じであることもあります。このように考えると、私たちは重篤な問題は論外として、日常生活の中で心理療法と同じような体験を結構しており、問題があった時には専門家に相談せずに解決している場合がほとんどです。つまり、心理療法という言葉はちょっと近寄りがたい感じがするのですが、実際にはそんなに難しいことではないと言え、日常生活の中にあるのです。

心理療法の目的

『心理臨床大辞典』（培風館）によると心理療法の目的は３つあります。

①精神的な症状の除去、すなわち症状をなくすことである
②症状の背後にある人格を問題にし、究極的には自己実現をはかる
③心というより、たましいへの接触をはかり、たましいの救済を考える

少し説明を加えます。

①精神的な症状の除去、すなわち症状をなくすことである

心理療法の目的が、「精神的な症状の除去であること」についてはよく分かります。不安感が強すぎて心配だらけの世の中をうまく生きていかれず、いつも不安におびえている人、大変な経験をした後で、またそのようなことが起きやしないかとパニックを起こしてしまう人、そのような人たちの心配や、不安をやわらげること、その他に病気で苦しんでいる人の症状をやわらげること、これらは心理療法の目的のひとつと言えるでしょう。

②症状の背後にある人格を問題にし、究極的には自己実現をはかる

これも心理療法の目的なのです。心理療法でも狭義には症状の除去が目的になり、自己実現やたましいの救済は、後回しにされがちですが、医学的治療ではほとんど症状の除去で終

わってしまうのに反して、心理療法では人格までを問題にします。ここに心理療法の特徴があるように思えます。したがって、心理療法では必ずしも症状がなくても治療の対象としまます。つまり生き方の問題、適性の問題、性格の問題なども対象となるのです。人格や自己実現の問題については、これから述べていくロジャーズが多く語っているところです。理想的な人間の特徴について彼は、①自分に開かれていること、②実存的に生きていること、③自分の有機体としての機能が信頼に足るものであることを知っていることをあげています。

③心というより、たましいへの接触をはかり、たましいの救済を考える

理解困難な内容ですが、たとえば、統合失調症の人を理解するためには現実を越えたもっと深い理解が必要になり、カウンセラーとクライエントがともに無意識の深いところでの共感を得ることが必要となります。たましいへの接触とはこのような場合を指します。そうすることにより治療するということです。

現在実施されている心理療法

心理療法には沢山の方法があり、カバーできる対象者も領域も広範囲です。実際には個々人の問題を判断して治療の方法を決定します。その方法は治療者によって異なりさまざまです。最近では、治療者はひとつの方法に固執するのではなく、個人の問題を解決するために多くの方法の中から対象者に合った、もっともよい方法を選びます。問題が複雑化し、ひと

つの方法でよくなるほど人が単純でなくなったと言えます。治療者もそのようなことを理解し、ひとつの方法にこだわらなくなったのです。治療者は、先人が実践した方法を参考にしたり、同じ方法をとったりしながら自分の体験を積み重ねて、どんな心理療法がクライエントに適切で効率のよい方法かを研究して、適切な方法を選びます。

◯心理療法のはじめ――呪術、祈祷、各種の宗教から

現代人と同じように、人は大昔から不安や心配、悩みを経験していたものと思われます。心理療法をそれらを解決する方法と考えると、その起源は古いのです。

大昔の人は解決できない問題にあたり、本当に困った時、人知を超えた力に頼ったのです。お祓いをしてもらったり、拝んでもらったり、宗教にすがったりしました。現在の心理療法とはだいぶ違いますが、このようなことが心理療法の起源と考えられます。医学も科学もなかったから、そんな時はただひたすら祈ったり、拝んだりしたのでしょう。そして、幾分かでも安心したのでしょう。これらの中には、今も延々と続いているものもあります。お百度参り、巡礼、沖縄に今もあるユタのところに相談に行く風習、などがその例として考えられます。もっと身近に神社へお参りする、仏様を拝む、占いなどは現在多くの人がやっている自分でできる治療法のひとつと言えるかもしれません。このようにすることで気持ちが

落ち着き、問題解決に立ち向かえる力がわいてくることがあります。たましいの救済につながったのかもしれません。これもひとつの解決方法だと思います。つまり、太古の昔から人は、不安に陥ったり、悩んだりした時それなりの方法で解決したのです。

○臨床心理学のはじめ――心理クリニック

そのような非科学的な方法でなく、学問的な背景を持った客観的、科学的な方法で、精神的な問題を解決し、乗り越えていこうとする学問が臨床心理学です。

臨床心理学は、困難な問題やつらい症状に直面した時、その人に寄り添って、心理学の知識と技術を使って無事困難を切り抜け、人としても成長するような援助をしようとするものです。

そうは言っても心理療法では、必ずしも学問的背景を持った客観性・合理性ばかりを重要視するわけではありません。問題解決にはいろいろな方法があり、人は複雑で同じ問題に遭遇しても、気に掛けない人もいれば、病気になってしまう人もいます。困難を足場にしてステップアップする人もいるでしょう。実に人の心は不思議です。それらを踏まえて人がよりよく生きるために研究し、実際に援助するのが心理療法の仕事です。したがって、その方法は必ずしも客観的・合理的であるとは言い切れません。

心理療法を成功させるためには、人の心をよく理解する必要があります。そしてよい人間関係をつくらねばなりません。それは、人と接する仕事のすべてに当てはまるとも言えます。そう考えると心理療法は専門的な内容ばかりでなく、日常生活につながっている点が多いとも言えます。ここで臨床心理学が人の役に立つ学問として成立した頃のことを考えてみましょう。

今からおよそ１００年ほど前、心理学は頭の中で考える哲学でした。また当時の心理学は実験室の中でネズミやハト、ネコなどを使って、その「行動」を研究していました。その頃、ウイットマー（１８６７―１９５６）はペンシルヴァニア州立大学で心理学を教えていましたが、問題を持つ子どもの教育に関するクリニックを大学内につくり、実際的問題を心理学の知識や技術を使って解決しようとしました。そして、そのための講座をつくったと言います。これが臨床心理学のはじめとされています。１８９６年のことです。

彼は、これまでの心理学に異議申し立てを行い、実験室の結果を教室の子どもたちに適用することはできない、と述べました。今、考えるとこれは当然のことで、ネズミやハトを使って出た結果が人間に適用できるはずはないのですが、心理学の長い歴史には、このように動物を使って実験し、それを人の行動理解の根拠としていた時期があります。そのような時代にあって、ウイットマーは心理学を人の心を理解するために研究し、そしてその結果を人の生活に役立てようとしたのです。実際には、学校における不適応児の治療のために心理学の知識を応用したのです。

彼は、臨床心理学（clinical psychology）の創始者と言えます。そして臨床という言葉は、医学から取り入れたものと言っています。ちなみに「臨床」を辞書で引いてみますと、病床にのぞむこと、「臨床医学」は、病人を実地に診察・治療する医学とあります。したがって、臨床心理学は精神的な問題で悩んでいる人、病んでいる人を心理学的に癒すということになります。

◯ 20世紀の心理学

1900年代には、フロイト（1856―1939）、ワトソン（1878―1958）、ロジャーズ（1902―1987）らが活躍し、臨床心理学の基礎をつくり上げました。彼らの後に沢山の理論や技術が開発、研究されてきています。そして現在、心理療法の方法は数百を超えていると言われています。フロイト、ワトソン、ロジャーズの3人が築いた基礎は現代にも大きな流れとして影響を与え、かつ貢献しているのです。いわば、傾聴の源流は20世紀の心理学に遡ることになります。

次に簡単にそれらの理論を説明します。

精神分析

フロイトが創始した心理学の理論と技術です。彼の心理学で画期的なことは、それまで対象とされていなかった無意識のレベルを人の心を理解するための重要な対象であると強調したことです。そして無意識を治療の対象とした精神分析の方法を世に表しました。彼は、人が意識できる心の働きは氷山の一角であり、心を支配している無意識の部分は膨大であると述べました。そして沢山の人の治療を行い、精神医学、臨床心理学ばかりでなく文化、芸術、社会の広い範囲に影響を与えました。ごく簡単に精神分析を説明しましょう。

精神分析では心の構造論を仮説的に3つの層に分けて考えています。衝動（エス）、超自我（スーパーエゴ）、自我（エゴ）です。

衝動は、無意識のレベルにある本能（欲求）です。衝動は、性的エネルギー（リビドー）を持ち、行動を起こす源となります。その行動は快楽原則に従います。つまり欲求を充足し、快楽を得るために行動し、時に暴走します。社会的規範、道徳など省みません。人の無意識の深いところにそのような欲求がある、というのです。

衝動に反して、超自我は両親や先生などからの教育やしつけ、または法律や社会規範、道徳などを内面に取り入れた良心の働きです。自分自身の行動を律すべく働きます。衝動から発する欲求に基づいた行動を容認せず、衝動に対して抑圧的に働きます。

自我は、現実の状況を認識して衝動と超自我を適合させ、現実原則に従う、とされています。人は本能に従って行動し欲求を満たそうとしますが、良心に従おうとする超自我も働きますので自己本位の行動を抑えます。その両方のバランスを取り、社会的に承認される適応的な行動を取らせるのが自我の働きです。

人々の中には、衝動の強い人、超自我の強い人、自我の強い人などさまざまな人がいますが、3つの働きがちょうどよいと、人は悩みも少なく安心して生活できるのです。

ところで読者の皆様は、自分にはこの3つがどのように働いているか、またどれが強いか、見てみたいと思いませんか。アメリカのエリック・バーン（1910―1971）は、この3つの自我の状態が分かる交流分析という技法を考えました。これは精神分析を分かりやすく説明するための技法です。また、彼の弟子であるデュセイは、交流分析からエゴグラムというテストをつくりました。このテストによると、自我の状態が容易に分かります。

フロイトの精神分析では、神経症の原因は無意識を抑圧しすぎて自由な行動が取れなくなったためとしています。そこで神経症を治療するためには、問題に関わる無意識が何であるかを意識のレベルで理解し、乗り越えることが必要であるとしました。そのためにまず、どのような無意識が抑圧されているかを理解しなければなりません。しかし、思い出したくないことや、意識するのがいやなことを押さえ込んでいるのが無意識ですから、それを意識化するというのは大変なことです。彼はその方法として夢分析、自由連想法を用いました。つまり、夢も自由連想法で出てくるものも、すべて無意識からの発信であると考えたのです。

フロイトは実際にその理論に基づいて治療を行いました。具体的に述べますと、当時、神経症であるヒステリーが多く発生したのですが、彼はその原因を性的欲求の抑圧と考え、夢分析などにより治療していきます。

フロイトの功績は偉大で弟子も多かったのですが、無意識に対する汎性欲的な考え方への批判的な見解も出てきて、フロイトの死後はいくつかの学派に分かれて発展していきます。

アドラー（1870―1937）もフロイトの初期の弟子でしたが、フロイトから離反していった1人です。彼はフロイトの無意識＝衝動の考え方に反対し、フロイトから離れて独自の「個人心理学」の集まりをつくり、人を理解するためには、その人個人としての心理を理解しなければならないと主張しました。彼自身、劣等感が強くそこから抜け出すために大変な努力をしました。その経験から、人間の心理で大事なことは「優越への努力」であると主張したのです。彼は児童心理学にも興味を示し、教育界からの支持者も多く、最近わが国でも再認識され心理療法にも彼の見解が取り入れられています。

ユング（1875―1961）ははじめ、無意識の重要性を主張したフロイトと意気投合し、彼の後継者と考えられていましたが、フロイトの無意識の考え方とは相容れないことが分かり、後に対立し、フロイトの下を去りました。彼は、精神分析との違いを明確にするために自分の理論を「分析心理学」と呼んで区別しました。

ユングを日本へ紹介したのは、わが国の臨床心理学の基礎を築いたとも言える、河合隼雄です。ユングの無意識に関する考え方は、大変興味深いものです。ここでユングの無意識について少し触れましょう。

ユングは、無意識には2つの層があると仮定しました。個人的無意識と集合的無意識です。個人的無意識は個人特有の無意識です。これは普通に考えられる無意識ですが、集合的無意識は雄大でユニークです。集合的無意識は、個人的無意識よりも深い層にあり人類共通にある無意識です。つまり、人類が皆、同じ無意識を持っているというのです。なぜそのような無意識を考えたのでしょうか。

ユングは医者ですが、大変博学で各国の宗教、文学、古典などを研究し、世界の神話、伝説なども研究していました。それらは、長い間、それぞれの国に伝わってきたもので、時代が変わっても連綿と伝わっています。伝わり続けてきた理由は、これらの神話や伝説が人々の無意識とつながり、その人々の気持ちを表現し、共感を得ているからです。ユングは、それらを研究している中で、世界の神話や伝説には共通点が多いことに気づいたのです。ということは、無意識には各国に共通点が多く、それは人類がたどってきた歴史が残されているからだ、と主張しました。個々人は自分なりの無意識を持っているけれども、心のもっと奥に、人類が祖先から引き継いだ共通の無意識を持っていると考えたのです。これはユングが考えた無意識に対する1つの仮説にすぎませんが、現代の科学に照らし合わせてみると、DNAなどの存在を想定していたのかとも想像されて興味深いものです。

また、集合的無意識において人々はイメージを共有している、と言います。それをユングは元型と呼んでいます。元型というのは誰の無意識の中にも共通に存在すると想定しています。元型には、グレートマザー、老賢人、アニマ、アニムスなどがあり、人の心理を支えています。

フロイトは無意識について、意識化されない抑圧された性的エネルギーであり、それは社会的に容認できない故に抑圧されていると、やや好ましくないものとして考えたのに対して、ユングは無意識には心的エネルギーがあり、人が困難に直面した時、精神的に病んだ時など意識の層と相補的に働き、解決の方向へ導いてくれるものであると、人を肯定的に支えてくれるものとして仮定しています。困った時に解決方法がピンときた、夢が知らせてくれたなどと言うことをよく聞きますが、それは、無意識からの声だとユング心理学では説明しています。

行動療法

ワトソンは心理学について、客観的に把握できる行動のみを対象とすべきだと、行動主義心理学を提唱しました。行動については身体的行動ばかりではなく、言語、思考、記憶、情動を含めて考えています。

彼は、人の行動は条件づけ、つまり刺激と反応により起こるとし、意識や心的働きを排除して、行動だけを中心に考えています。極端な環境説で、環境如何により人はどのようにでもなれる、と主張しました。もし自分に健康な子どもを与えられたら医者、法律家、芸術家、大事業家、乞食、泥棒にさえ、その子の祖先の才能、嗜好、傾向、能力、職業がどうであろうと、きっとしてみせよう、と豪語しています。行動主義心理学の理論に基づいて、心身の問題の改善、治療を実現する行動療法が生まれました。

行動療法は、適切な行動に刺激（ごほうび）を与え、不適切な行動を無視することにより、適切な行動を形成する治療法です。神経症、自閉症、知的障害、拒食、過食、不登校などの広い範囲の心理的問題を行動療法で解決できるとし、現在も活発に実践されています。

来談者中心療法――人間性心理学

ロジャーズが提唱した心理療法です。ロジャーズは、自らの治療法を、非指示療法、来談者中心療法、そして後に、これらをも含め対象者を一般にまで広げたＰＣＡ（パーソンセンタード・アプローチ）と呼ぶグループ療法（エンカウンターグループ）まで広く実施しました。基本的に面接では、来談者に指示をせず、来談者の発言をひたすら聴き、理解することにより相談を続けます。

以上をまとめますと、臨床心理学における精神分析の位置づけは大きいものですが、フロイトの理論は人間の病理や異常な面に焦点をあてたものです。行動主義心理学では、人を刺激と反応で成り立つものとして機械的に人を見ています。それに反して、来談者中心療法は人間性心理学とも呼ばれていますが、人間性の建設的で前向きな面を中心に臨床心理学における理論を展開しています。

傾聴法はロジャーズの理論で強調されたのです。

3 「聴く」をはじめた人――ロジャーズについて

○ 生い立ち

ロジャーズは1902年1月8日にアメリカのイリノイ州オークパークに生まれました。この年に精神分析のフロイトは46歳、行動主義心理学のワトソンは24歳になっています。父は農業を営み、両親は敬虔な保守的プロテスタントで、ロジャーズの育った家庭は厳格で勤勉な雰囲気でした。ロジャーズは6人兄弟の4番目の子どもとして生まれました。両親は子どもに愛情を注ぎ、子どもの幸せを願っていましたが、巧妙で愛に満ちた仕方で私たちを強くコントロールしていました、とロジャーズ自身が語っています。

彼が12歳の時、父親が農園を買い、家族でそこに住むことになりましたが、その大きな目的は、思春期の子どもたちを都会の誘惑に満ちた環境から離して養育したい、という希望を叶えるためだったそうです。ロジャーズのカウンセリングの理論でもっとも大事なことは、クライエントを束縛しない、心を解放して自分自身を洞察する点だと思いますが、彼自身は幼少の頃から束縛され、コントロールされていた不自由さを感じていたのかもしれません。

ロジャーズは、両親が自分たちは他の人とは違うという思いを持っていたために家族は孤立し、自身も一人ぼっちであったと語っています。他者から見たら、理想へ向かって努力を続ける立派な家族であったのでしょう。しかしながら、その家庭での居心地の悪さを彼は感じていたようです。

ロジャーズの父は科学的な農業経営を行っており、ロジャーズも科学的農業を学び、動物を飼い、自然と親しみながら成長していきました。彼はこの農業の経験により、仮説を検証する姿勢を学んだと言います。そして、実際に心理療法の過程、効果などを科学的に実証しようと努力しています。

◯大学生時代

最初、ロジャーズは農学部に入学しましたが間もなく神学部へ変わります。しかし、特定の教義を信じ続けなければならないことに疑問を感じ、教育学を学びはじめ、キルパトリック、デューイなどの先生と出会います。この頃、おさななじみの女性と結婚しました。

◯児童相談所・研究員

ロジャーズは教育学部で実習を通して子どもとの関わりを持ち、児童相談の仕事に興味を持ちました。そこで心理職として12年間を過ごしました。初期には精神分析に基づく治療法を学びましたが、その理論で問題行動はよくならないことを体験しています。そして、子どもたちと接していく中で、問題の核心が分かっているのは子ども自身であり、彼ら自身が解決の方向を理解していることが分かったと述べています。後に彼は独立した児童相談所を設立しています。

○ 大学教授時代

児童相談所という実践の場から大学へ移りました。彼は臨床の現場を体験してから大学の教授になったのです。授業において、彼は常に自分の実践に基づいて教えようとしていることに気づいた、と語っています。自分の面接の中で構築した内容を『カウンセリングと心理療法』に著し、大きな反響を呼びました。

彼は、心理学者として、20年間も治療を続けています。対象者は幅広く深くなっていきました。

「私にとって、リサーチがだんだん重要になってきたということも述べておきたい。セラピーは、私が主観的に自分自身を解釈していく体験である。リサーチは、豊かな主観的体験に私が、距離をとり客観的に眺めようとするため、科学のあらゆる優れた方法を駆使して私自身が自分を偽っていないかどうかを決めようとする体験なのである。人間の理解や人間の進歩にとって、物理学における重力や、熱力学の法則のようにとても重要なパーソナリティと行動の法則が発見されるだろうと言う確信が私のなかに育ち始めている」（『ロジャーズ選集（上）』）と、当時の様子を記録しています。

彼は独自のカウンセリングの理論に基づいて治療を続けながら、その結果や効果を客観的に立証しようと種々の研究を進めています。そして、心理臨床をやるには常に学び、成長し続けることが大事ですが、それは楽なことではなく、その大変さを「長い目で見ると確かにやりがいのあることですが、時には苦痛を伴います」と率直に述べています。また彼の主張することは必ずしも賞賛を得てばかりはいませんでした。心理学者、カウンセラー、教育者から攻撃されたり、批判を受けたりすることも多かったと語っています。

○大学を離れる

大学はロジャーズにとって居心地のよいものではありませんでした。予期していた研究結果が思わしくなかったことに加えて、さまざまな人間関係のトラブルがあったようです。61歳の時、大学から離れます。

◎ 晩年

晩年はPCA（パーソンセンタード・アプローチ）を用いて、世界平和に向けてエンカウンターグループを展開しています。エンカウンターは出会いという意味ですが、エンカウンターグループは、それまでに面識のなかった人々がはじめて会って、一定時間をともにすごし、それぞれの思いや問題を話し、心理的な成長を目指すグループ活動です。

PCAは数十名から数百名の人々を対象にした出会いのワークショップです。このワークショップは、参加者の人種、性別、主義、主張、宗教の違いを乗り越えて、互いの違いを認め合いながらともにコミュニティーの形成を目指す、というものです。ここではどのような意見も出せます。ファシリテーターという会の世話役はいますが、すべて参加者の自由意志にまかされて進行していきます。進行に従って、意思の疎通が可能となり、連帯感が生まれ、その結果互いの理解が深まります。

世界平和を目的とし、１９８５年にオーストリアで開催されたワークショップでは、参加国17国、前大統領、現副大統領、現職大使、国会議員などが参加したということです。ロジャーズは学者としてはめずらしく政治にも積極的に関与したのです。「静かな革命家」と呼ばれたりもしました。いち心理学者の立場でこのような大きなことを考え実行していったということは、全く驚くべきことです。

ロジャーズは１９８７年、85歳で生涯を閉じました。

ロジャーズの一生は、自分自身と対峙しながら、カウンセリングの理論と実践を追究していったと言えます。人への飽くなき探求と言ってもよいでしょう。人とはなにか、自分とはなにかを臨床の場で探求し続けたのです。自分の生き方そのものをカウンセリングに投入して、人が変容する過程、自己実現する過程を跡づけていったものと思います。ロジャーズの理論は分かりやすく、多くの人々の心の中に容易に入り、問題解決や自己実現を手助けするための手がかりを与えてくれます。基本的に人を受容することにある温かさを、その理論から学び取ることができるからでしょう。また、人は善であるという確信も私たちに安心感を与えます。沢山の臨床家がいる中でまず、はじめに学ぶのがロジャーズであり、どんなセラピーを実施するにせよ、その底辺にロジャーズの理論があることを銘記したいと思います。傾聴もロジャーズを学ぶことにより、明確に、簡潔に、効果的に進めることができると思います。フロイトやユングも個性的に自己の理論を展開し、実践していったのですが、実際にその理論を身に付け、実践するとなるとかなりの困難があります。

4 人の本質――ロジャーズの人間観

ロジャーズの理論を理解するために、ロジャーズの人間観について見ましょう。彼の理論は彼の人間観から生まれたものですから、それを理解すれば自ずとその理論を理解することができます。彼は、自分の人間観はカウンセリングにおける広い範囲の人々との触れ合いの中で得たものだと述べています。それらの人々は年齢で言えば子どもから中年を越えた人々、知能の程度は知的障害者から高い知能の人々、教育歴でも低い人々から高い人々、異常のある人、ない人など広範囲の人々です。その人たちとの交流を通して、人間の本質について以下のようなことを人間観として述べています。

○ 人は種である

人間はいろいろの有機体の中のひとつの種であるという、ごく単純なことを述べています。当たり前のことですが、私たちは普段そのようなことを意識してはいません。彼の主張は人間について、種から、すなわち原点から考えてみようというものです。そういった視点から見ると人間が他の種と違うところとして、第一に「人間は社会的である」ことがあげられます。ロジャーズと同じように人間の本質について社会性をあげる人は多いでしょう。しかし、ロジャーズらしいところは、社会的であるが故にカウンセリングが人間の本質に根ざしていると述べているところです。つまり、社会的である人間は、他人と親密につながろうという欲求を持っています。もし、他者から切り離されたら孤独で満たされない気持ちになり、耐えられなくなってしまうでしょう。故にカウンセリングのような安全で受容的な関係が提供されるなら、人はその関係に入ってくると言います。

ここでロジャーズは、自身とフロイトとの相違について述べ、フロイトが「他人に対する人間の基本的な敵意」について語っていることをあげています。つまりフロイトの考え方とは正反対な考えを持っていることを強調しているのです。彼は心理療法をはじめた頃、精神分析による治療も行っていたのですが、効果が得られなかったことを報告しています。さらに「人間の行動は好ましい条件のもとでは種の保存と発展に向かって進むものである」と述べて、人間の種としての肯定的、建設的な面をあげています。

○人は関係を求める能力を持っている

本質的に社会的な人間は、人間関係の中で十分に知られ、十分に受け入れられることを望んでいます。そしてこのような人間関係のもとでは地位だとか、役割だとか、実際に役立つかどうかなどの功利的なこととは関係なく、人間としてあるがまま、また感じたままを心から語り合う深い関係を望み、そのような相互の関係を通して真の人間になると述べています。人にとって人間関係が重要であることは、誰しも納得することですが、ロジャーズは純粋に人々との関係の中で人は育ち、伸びると主張しています。つまりカウンセリングではそのような人間関係が重要なのです。

◎人は自己実現へ向かう

また、カウンセリングの経験から「人が前進する力、健全な成長へ向かう一定の傾向は、人間に関するもっとも深い真理である」と述べています。つまり、人は自然に前進するように設定されているということです。さらに「もし私が成長に役立つ諸条件を用意することができるならば、この肯定的な傾向が建設的な結果をもたらすことを発見してきている」と言っています。「成長に役立つ諸条件」とは人を十分受容できる状況、つまり、カウンセリング場面のことです。カウンセリングの機会をつくることができたら、人は健全に発展していくことができる、と言うのです。人に対する絶対的な信頼感とカウンセリングに対する自信を示しています。さらに「人間は生まれつきそのすべての能力を有機体を維持したり、拡大する方向へと発展させるように動いていくように思われる」と述べています。人は生まれながらにして自分らしさを表現し、自己の能力を発揮するようにできている、ということです。つまり人は自己実現の方向を自然に目指していくのです。

◯人は潜在的な能力を持っている

人間には潜在能力があり、人はその能力を自覚することができます。もしその力を自覚することができ、その潜在能力を発展させることができれば、豊かで適応力に富み、創造的な生活を送ることができます。そして人間進化の絶えざる進展に参加するようになります。

人には誰にでも潜在能力がある、ということに気づくことが重要である、と言うのです。確かに潜在能力があるかないか、について証明することはできません。そこで能力がないと思って行動するよりは、自分には能力がある、と思って行動する方がどんなにか力がわいてくるでしょうか。

◯人間は基本的に肯定的である

たとえ偏りが著しい人でも、一見どうしようもない人、反社会的な人でも、可能性を実現する機会を与えられれば残忍さ、欺瞞性、防衛性、異常性などの不適応状況から脱することができます。異常人格と思える人も、聴き手が深く接触し理解し、その人を人として尊重していくと、自分について肯定的、建設的に見ることができるようになり、誰でも自己実現的な方向へ向かっていくことが分かります。「どんな人であっても」というところが大事です。その人を深く理解し、受容できるなら、その人たちは一定の方向へ向かうことができる、ということをロジャーズは治療を通して述べています。大きな問題を起こす人々がカウンセラーなど、受け入れてくれる人との接点がなかったことが悔やまれます。

◯人は主体的に生き、健全な選択能力を持っている

自分の潜在能力を十分に発揮している人は、自分自身の主体的側面を受容し、主体的に生きています。彼は責任を持って選択し、考え、感じ、経験する1人の人間なのです。人間は自分のあらゆる能力と意識を動員して、その状況において自己の欲求を満たす上でもっとも近い活動方向を発見する、つまり健全な選択能力を持っています。

ロジャーズの人間観は基本的に建設的であり、積極的肯定的です。彼は、人間は潜在的に大きな能力を持っており、自己実現を達成させるというゆるぎない信念があります。もし建設的な方向へいかなかったとしても十分な人間的場、すなわちカウンセリングの場が与えられれば、個人的にも社会的にもよい方向へ発展していくというのです。ロジャーズはこのような人間観を、長い臨床経験によって得てきています。楽観的でありすぎると言われるこの

ようなロジャーズの人間観は、人に安定感をもたらします。多くのクライエントは、自信をなくし、不安におびえてカウンセリングを受けに来ているに違いありません。カウンセラーが、人は誰でも力を持っており、自分自身の能力を発揮でき、主体的に自己自身の道を選んでいける、という確固たる信念を持って対応してくれるとしたら、それだけで十分安定し、問題を解決する力がわき出てきます。

傾聴する場合も全く同様です。どのような対象者であれ「大丈夫ですよ、人はそれぞれに能力を発揮して主体的に生きていけますよ」という態度で聴いていると、話し手は次第に落ち着いて安定してきます。どんな人間関係であっても傾聴する人の人間観が大事です。このような人間観を持って聴いていると自然に話し手もそのようになってくるのです。

5　自己が真の自己自身であるということ
――ロジャーズが追求したこと

ロジャーズはその生い立ちで述べましたが、育った家庭の影響が大きく、見かけを過度に気にして抑圧と我慢を強いられた家庭に違和感を持っていたようです。そして「自己が真の自己自身であること」を生涯の目的としました。彼は、一生をかけて本当の自分を追及したとも言えます。

現代の私たちの生き方を考える時、子どもの頃の偏差値教育、有名校への進学、大人になってからは地位、名誉など、本当に自分が望んでいることではなく、周囲の目や評価を気にして他の人々に振り回されながら生活し、疲労困憊していることに気づきます。それらに対応できなくなって不安、うつ、強迫症状などの神経症に悩まされている人々がどんなに多いことでしょう。

そうではなく、自分のあるがままを認め、受容することで人生の目的が見えてくるとロジャーズは述べているのです。彼はクライエントと関わっていく中で、本当の自分を見出していくクライエントの変化について次のように述べています。

◯見せかけのものから離れる

どんなことも言ってよい、という条件の下でクライエントは、はじめは躊躇しながら、次第に自分の本音を述べはじめます。他者にどう見られるかを考えないですむと、どんなにか気持ちが楽でしょう。

本当の自分を理解して見せかけの自分から離れていく、自分が何者であるかを表現することにより、真の自分になっていくのです。カウンセリングのような安定した場で、ありのままの自分を表現することが、そのきっかけをつくります。自己表現にはいろいろな方法がありますが、聴いてくれる人がいて自由に自分を語ることができるという状況は、最良の場です。人間関係において大事なことは、自分の気持ちに正直であることです。心の底で感じていることと、実際に表現していることが食い違っている時は他者に理解されません。本当は批判的なのに好意的なことを言っても建設的には進まない、ということです。その場を取り繕ったり、相手に同調しても本当にそう思っていない時には何の役にも立ちません。

◯べきから離れる

カウンセリングが進む中でクライエントは「かくあるべきである」から次第に離れていき

ます。「私はよくなければならない」という思い込みは、両親から取り入れたものかもしれません。いつも両親から受け入れられようとしてよい子を演じていることは、よくあることです。不思議なことに多くの人が自分自身をよくない者として見ることを、強迫的に信じています。大学などでよく見受けられますが、就職試験などに際して自分の長所をあげてください、と言われるとなかなかあげられず、短所ばかり考えてしまう人や、誰から言われたわけでもなく、ほとんど証拠もないのに、自分は頭が悪いと信じ込んでいる人もいます。

ロジャーズは言います。「わたくしはだれかが、〈お前がやるべきことは自分を恥ずかしく思うことである……〉と言ったことを信じているかのようです。……そして今はそんなだれかに向かって立ち上り、あなたが何をいおうとわたくしはかまわない、わたくしは自分自身を恥ずかしく思うなんて言うことはしないといいたい。」（『人間論』）

カウンセリングが進むに従い、このように考えられるようになるのです。根拠なく「かくあるべき」と信じて疑わなかったことに対して、本当にそうだろうか、と考え直すことができるようになり、振り回されずに真の自分のあり方が分かってくるのです。

○ 人の期待に応えることもしない

親からの期待、組織、文化、社会からの期待から離れて考える時、自分の進む道をどのようにでも選ぶことができ、自由になれます。人の期待に応えることは人生の目的になり得ますが、自分は本当は何をしたいのか、自分は誰なのかについてカウンセリングを通してじっくり考えられるようになると、他者の期待だけに振り回されず、真の自分の方向が分かってきます。他者を喜ばすことからも離れます。他者から好かれようと思って、自分がそうしてきたのだと気づき、自分がやるべきだと思うのでもなく、他の人が私がやるべきだと感じているのでもなく、自分のしたいことをするようになります。そしてクライエントは自分が行きたい方向へ向かっていきます。

◎今の過程を大事にする

人生は流れていき、変化していくプロセスであり、体験過程です。毎日は過程の中のひとこまであり、変化の中にあるわけです。昨日と今日では違うことに気づけば不安になることはないのです。先を急がなくても結果に近づくのです。だから今、この流れの中に身をゆだねていることに満足して「この今」を楽しめばいいのです。この時が大事であることを理解すればいいのであり、今、自分があることの意味、大事さに気づけば気持ちが自然と落ち着いてきます。

常になにかに追われているように毎日を不安定でイライラしてすごしている人がいます

が、そのような必要はなく今生きていることを大切に充実してすごせばいいということです。

さらにロジャーズは、人生は生成のプロセスの途上にあり、閉じた信念や変化することのない原則などないと言います。その時に応じて自分の体験を理解し、解釈していくことにより人生は進んでいくと言います。そこでクライエントが自分自身で、自由に自己を探求し、道を進んでいけるようにするのがカウンセリングです。

ロジャーズのこのような考え方は、一貫性がなく身勝手なものであると反論を受けていますが、かたくなに自分の考えを押し通すのではなく、柔軟にものごとを捉え考え直していく方が、少なくても問題解決にあたっては有効かもしれません。

◯自分を受容する

自分に焦点をあて、自分自身に耳を傾けていくようになると、自分の内的な体験、自分の五感や体の内側からのメッセージが自分の味方だということが分かってきます。ロジャーズはまた、理性ではなく感じる力に重点を置き、常に主観や直感を大事に考えています。自分の体験にある重要な意味を持つような不明確な考えや勘を大事にすることが重要なのです。自分の主観、直感、勘などは無意識につながる概念です。彼は無意識について語っていませんが、自分をよく知るということについて、意識ばかりではなく、無意識の声も聞くことが大事だと言っているのだと思います。そうすることによって、問題の解決策や生きる力が自然に出てくると言うのです。

本来、自己の体験は自己の一部であるわけですから、自分に対して脅威を与えるわけはないのです。自分が危機に陥った時は総力をあげて自分を守るはずです。ですから自分の内面の声を聴くことは自分を助けることにつながるわけです。そのことに気づけば、これまで自分に脅威を与えていた過去は、ひとつの役立つ源であることが分かってきます。そして自分自身を受け入れるようになるのです。

自己実現する人間は、自身の衝動、願望、意見、主観的な反応一般をよく意識するようになります。このことは自分を大事にすることにもつながります。

さらに自分を受容し自分自身になることができる時に、はじめて自分が効果的になり得ます。自分が本当はどのように感じているのかを自分自身に問い、静かに耳を傾ければ本当の自分に気づき、あるがままの自分でいられるようになります。そして、今ある自分を完全に受け入れることができるなら、知らないうちに変化が生じてくる、今の自分のそのままを感じることがまず大事なことで、嫌いな部分も否定的な感じもそれが自分自身だということを受け止める、ただそうするだけで自分自身を自然に変えることができる、とロジャーズは言っています。そして自己受容ができれば、不安に陥ることも少なくなると言います。自分の体験を大事に、自分が正しいと感じられることを基に行動すべきです。

自分自身を信頼し、価値のある存在として認め、自分自身の体験を受容することができるようになるに従って、自分の価値によって生き、独自の方法で自分自身を表現できるようになってきます。そして、そのような過程の中で他の人をも受容するようになります。結局、自分を慈しみ、大事に思う人が他者をもそうすることができるのです。他者受容は自己受容ができた人に可能となるのです。

自己が真の自己自身である、ということをロジャーズは生涯をかけて追求しています。自分自身の内的な声を聴くこと、それは単に心ばかりではなく、体の声も含みます。そして、自分は本当は何を欲求しているのかをしっかりと把握し、実現していくことが重要だと言います。本当の自分自身であることを追及するならば、破綻はあり得ないことです。また、「自分は自分の目的に向かって歩んでいるか」を振り返りつつ歩んでいけば停滞はなく、自己は常に変化します。

また、真に自己自身であることは人間としての調和を保ちます。ここにはロジャーズの「種は、種の保存の方向へ大きく発展していく」という、宇宙的信頼観があるように思えます。小さな宇宙である自分を真に理解し、それに従って生きていくならば他者との交流も可能になり、周囲との調和の中で生活し、最終的に人類や社会とつながって生きていくことができる、という生涯の道をロジャーズはカウンセリングから得ています。

6　語る人が主役――来談者中心療法について

ロジャーズのカウンセリングの展開は、①非指示療法、②来談者中心療法、③エンカウンターグループへと発展しています。各段階を説明し、展開の過程をたどってみます。

◯ 非指示療法

ロジャーズの理論は3段階を経て発展してきましたが、最初は非指示療法として広まりました。これはそれまでの面接のように、やや権威的な面接者がクライエントの生育歴や問題の内容を聞き、テストをしてその結果に基づいて原因を分析し、処方を示すというものではありません。

この非指示療法では、文字通りカウンセラーはクライエントに指示したりせず、クライエントが自ら成長するのを見守る、あるいは援助する姿勢を取ります。

クライエントが内面を語れるような受容的な雰囲気をつくり、そこで自由に語ってもらいます。カウンセラーはひたすら傾聴します。クライエントが自分の本当の気持ちを受容されたと感じられれば、それだけでこれまでのものの見方や考え方を変えることができ、新たに問題の解決の方法を自分で考え出すことができる、というものです。ここで、非指示療法を実施するためのいくつかの技法が紹介されましたが、その技法が過度に強調されたことにロジャーズは疑問を持ち、自己の説をより的確に言い表すために非指示療法をやめ、来談者中心療法と名称を変えました。

◎来談者中心療法——なぜ語る人が主役か

ロジャーズは技法中心的な非指示療法に修正を加え、来談者中心療法へと発展させました。ここで、自己実現の方向へ主体的に成長するクライエントを中心とした面接のあり方や、カウンセラーはどのようなあり方がよいのかを述べています。

来談者中心療法の基本的な仮説

基本的な仮説は「個人は自分自身の中に自分を理解し、自己概念や態度を変え、自己主導的な行動を引き起こすための巨大な資源を持っており、そしてある心理的に促進的な態度についての規定可能な風土が提供されさえすれば、これらの資源は働き始める」(『ロジャーズ選集』[上]) というものです。

これは、今までに述べたロジャーズの人間観であり、信念でもありますが、来談者が中心であるのはこれを実現できる方法であるからです。人は誰でも自分を理解し、自分の問題を解決できる偉大な能力を持っていること、それが発揮できるのは、そうした力を引き出すきっかけと場が整った時であると、ロジャーズは言います。

カウンセラーとの出会い

そのきっかけのひとつがカウンセラーとの出会いです。来談者中心療法にふさわしいカウンセラーには、３つの条件が必要であると言います。

詳しくは後で述べますが、第一にクライエントに対する無条件で肯定的な配慮です。これはクライエントがどのような状況であっても、どのような感情状態であっても受容することを意味します。クライエントを自分の思い通りに支配したり、束縛したりしない、思いやりの下で受容することができるカウンセラーであることです。

第二にクライエントに対して、共感的な理解ができることです。クライエントが体験していることを正確に感じ取れること、さらに深く理解が進んでいる場合、クライエント自身が曖昧にしか分かっていない部分まで、明確に感じ取ることができるカウンセラーであることです。

第三は、自己一致の高い、誠実で純粋なカウンセラーです。カウンセラーが自分自身の体験と意識が一致していて、誠実さを持っていれば、そのことがクライエントに伝わるのです。

３つの条件を持ったカウンセラーとの出会いにより、クライエントはこれまで発揮されなかった能力が触発され、自己解決へ向けて建設的に進むことができるのです。カウンセラーに限らず、教師と生徒、親と子、上司と部下、友人関係などの間でも、この３つの条件を持った人との出会いにより、人は積極的に生きる勇気と力を得ることができます。

カウンセリングの場

クライエントが自由に意見を述べられるようにすることは、カウンセラーの仕事です。そして、クライエントが自分の考えを話すことがカウンセリングの中心です。まずクライエントの抑圧を取り、自由な自己表現の場を確保することです。たとえば、クライエントがカウンセラーと違った意見を持っていても、それを言うことができるような雰囲気や状況をつくることも、カウンセラーの態度で可能です。

もしカウンセラーが自分の説が正しくないと分かった時、事実を認めるのには勇気が必要です。しかし、自分の説明が間違っていることが分かったら、自分を変えて事実を受け入れなければなりません。なぜなら事実が正しい方向へ導くから、とロジャーズは述べていますが、考え方の枠組みを変えて新たなものにするのです。自分の非を認めるには苦痛が伴いますが、それが学習するという意味で、そうすることにより、人生を正確に見ることができると述べています。事実から学んでいこう、そうすることにより、真実に近づくことができるし、満足なカウンセリングができる、ということです。

クライエント自身で解決できる

来談者中心療法では、カウンセラーはクライエントが自己実現へ向かう力を持っていることに信頼をよせているので、クライエントが自分自身について語り、カウンセラーがそれに対して理解を示せば、後のことはクライエント自身が自分で問題を解決できる、と考えます。

「人を巧妙に誘導したいという誘惑を放棄し、一つの目的にだけ専心しなければならない。つまり、意識することを拒絶している危険な領域に、クライアントが一歩足を踏み入れる際、その瞬間、クライアントが意識的に抱く態度に対する深い理解と受容を示すという唯一の目的である」（『クライアント中心療法』）とロジャーズは述べています。

問題は人にある――問題をどのように受け止めるか

カウンセリングで出される問題は、問題そのものにあるのではなく、遭遇しているクライエント自身にあるのだと考えます。つまり、問題には原因がありますが、その原因を完全に理解できるのはクラエイント自身だということです。原因ばかりではなく、どのようにすれば解決できるかもクライエントは知っていますが解決できないのです。したがって問題は問題にあるのではなく、問題を持つ人にあると考えるのです。故に問題そのものは変わらなくても、クライエントが問題についての考え方、つまり認知を変えたり、再学習することにより、問題が解決できる場合もあるということです。

この考え方はベックの認知療法にも通じる考え方です。ベックはうつ病の説明を次のようにしています。うつ病患者は、ものごとを捉える時、否定的、マイナスに捉え、その結果、落ち込んでしまい、自分について、社会について、将来についてなど、すべてに希望が持てないと悲観的になり、うつ状態になります。つまり、うつになる前の、ものごとの捉え方、考え方、認知の仕方に問題があるのです。そこでベックは認知を変えることに治療の焦点をおきました。このような認知療法の考え方と、問題は問題にあるのではなく、その人自身にあるというロジャーズの考え方には、一致点が見られます。

認知療法では、クライエントひとりでは認知を変えることができないので、カウンセラーが介入し、クライエントと一緒に認知や行動の仕方を変えていきます。認知療法終了後は、クライエントは自分で問題を解決し、行動できるようになります。この過程を認知行動療法と言います。この一連の過程もかなり来談者中心療法と似ています。

ロジャーズは次のように説明しています。多くの場合、クライエントはどうすれば問題が解決できるかが分かっている。ただ、分かっているけれども、実際に自分ではどう動いたらよいのか分からない。カウンセラーはクライエントを絶対的に信頼し、自分で考えられるような状況を提供し、ともに解決する方向へ努力します。

カウンセラーは、クライエントの人間的成長を促しますが、具体的な問題について指示することはありません。指示しないで見まもることで、より人生における困難を自力で乗り越えることが出来るような力がつくのです。

この過程で来談者中心療法で強調しているのは、クライエントへのカウンセラーの信頼感です。信頼感が先行してカウンセリング関係が成立するのです。来談者中心療法の基本は、クライエントとカンセラーの人間関係にあります。認知行動療法が認知や行動に焦点をあて行動を変えようとしているのに対して、来談者中心療法では人間関係に重点をおいている点で違いが見られます。

来談者中心療法における転移・逆転移の問題

転移は、クライエントからカウンセラーに向けられる感情です。クライエントが本来は過去において自分にとって重要な人物に向けるべき感情を、カウンセラーに向けるということです。たとえば、幼少時から親に疎外されて育ったと感じている人が、受容的なカウンセラーに出会った時、これまで親に対して持っていた不満、憤りなどをカウンセラーに対してぶつけて、カウンセラーを攻撃したり、過度に依存したりすることがあります。このように本来、両親などカウンセラーでない人に持つべき感情を、カウンセラーにぶつけることを転移と言います。反対にカウンセラーが、自分の感情を本来向けるべき人に向けず、クライエントに向けることを逆転移と言います。

転移や逆転移は精神分析においてはしばしば起こります。精神分析ではクライエントとカウンセラーの関係が平等でなく、カウンセラーはクライエントの過去の問題などを解釈したり、指摘したり、助言したりするので、依存関係になりやすく、クライエントは、カウンセラーを両親などこれまで深い関係にあった人のように感じることがあるからです。故に感情の転移が起こりやすいのです。精神分析ではこの転移、逆転移を上手に使って治療します。したがって、精神分析では、転移、逆転移が治療上重要な意味を持つのです。

しかし、来談者中心療法ではカウンセラーとクライエントの関係は、相互に尊重しあう平等な関係をモデルとしているので、転移はさほど重視されませんし、多くは起こりません。来談者中心療法では、クライエントが依存したり、攻撃したりしても、カウンセラーは、そのことをクライエントに明確化して返します。たとえば次のような会話です（以後、会話文においてクライエントを「ク」、カウンセラーを「カ」と表記します。会話文で「　」のあるものはロジャーズの翻訳本からの引用です）。

ク：「先生は父が私にやましいことをしたと思っているけど、父はそんなことをしていません！

父を良くない人間だと考えているけど実際には良い人でした」

カ：「私があなたの考えすべてをまったく誤解していると感じているのですね」

この態度は穏やかで、感情はより具体的で現実的です。ここでは、事実として受け止めることで終えて、それ以上の分析などはしないのです。つまり、転移感情が生まれるような依存性がもともとないし、そのように複雑には考えないのです。

一般的な人間関係においても転移、逆転移が起きる場合があるし、傾聴においてもそのような関係になることがあるかもしれません。実際には対応に困ることが多いのですが、来談者中心療法における対処の仕方は初心者にとっても難しくないと思います。むしろ事実を受け止めればいいのですから容易です。一般的な人間関係においてさえ転移、逆転移のような事実が起こり得ることについては、予め知っているべきでしょう。

実際、クライエントから過度に依存されたり、愛着を持たれたり、逆に攻撃されたりして対応に困る場合は何回か体験するでしょう。私自身、はじめはかなりクライエントに振り回されてしまいました。

信頼することの難しさ

来談者中心療法では人が成長し発展し、可能性を実現しようとする傾向を持っていることを基本的に信じ、人がそのような存在であることについて信頼感を持っています。クライエント自身が問題を解決する力を持ち、カウンセラーがそのようなクライエントを信頼し、理解することで問題を解決しようとするものです。

ただ、この見解は、あまりにクライエントを信じすぎ、甘やかしすぎており、逆に騙されたりするのではないかなど、しばしば誤解されることもありました。そしてロジャーズの理論は非科学的で過去のものとされた経過もあります。

しかし、クライエントを真に信頼することはやさしいことではない、ということは実践の中で理解できます。ロジャーズの述べていること自体はやさしい事柄ですが、反論にあるようなクライエントに対して甘いものではありません。むしろ実践ではその厳しさ、難しさをあらためて実感するのです。

全面的に信頼するからこそ、自立した主体性を持った人として対応し、クライエントを依存させたり、従わせたりせず、非指示的に対応するのです。どんな場合でもそのような姿勢を貫き通します。

実際に問題を持ってカウンセラーを訪れたクライエントが、来談者中心療法で安心して、自己を解放できるというのは事実です。そして、どんな治療法をとっても基本的にこの姿勢を取ることは重要です。

クライエントから学ぶ

ロジャーズが来談者中心療法を提唱するようになったのは、面接の中でクライエントから学ぶことが多かったからと言い、クライエントとの関係から学んだことについて以下のように述べています。

①もっとも個人的なものが、もっとも普遍的である

ロジャーズは、自分の言っていること、書いていることは、もっとも個人的なことで誰にも分からないだろう、理解されないだろう、と思っていたが、実際には沢山の人々の共感を得られることが分かった、と書いています。自分の心のもっとも深くにある、個人的なことやユニークなことは、実は皆が心の中で思っていたことと同じで、皆と共有することができる、だから、各自が自分の心の深いところにある自分だけ、と思っている内面を語ったとしても、多くの人がそれを理解してくれる、それ故個人的なことを語ることが重要であると言います。そのことで他者とつながることができるのです。個人は孤立しているのではなく、深いところでつながっているものだと言うのです。これはユングが言っている集団的無意識の考えと似ています。ユングは人の無意識の深いところには集団的無意識があり、これは人類が共有しているものだと言います。つまり人々がつながっていることを示しています。

②他者について

・他者を理解し、受容することにより、他者にも自分にもプラスになる

他者の言葉を、その人にとってどのような意味があるのかを考え、その人の心を理解すること、たとえば、嘆き悲しんでいる人、自分はだめだと思っている人をその心の内側から理解したり、深く受け止めたり、といった体験をすることです。そうすることで他者は、本当の自分自身の心の意味が分かり、自分を受容し成長のきっかけにすることができます。同時にその過程をともに歩んだ聴き手も豊かに成長できるのです。

またロジャーズは、他者が自分と違っていてよいということを本当に理解できれば、自分も成長できると言います。人は皆、違います。そしてその人なりに意見を持つ権利がありま す。そこを受け止めることです。そうすることにより、その人の成長を促すことができます。

他者を受け入れることは、他者を理解するよりも難しいことです。本当に受け入れられるのか、自分に攻撃が向いた時どうなのか、また他の人も自分と同じでなければならないと、どこかで思っていないか、などの疑問がわきます。他者を大事にすること、他者が独自の存在であることを認めることが、自分もそのように認められることにつながると言うのです。

・他者のあるがままを受け止める

自分の内面について考え、その体験過程を率直に受け入れ、他の人の内面をもそのまま受

け止めることができれば、ありのままで満足できるようになり、他の人を自分の思い通りに動かそうとしたり、人を型にはめたりしなくなります。「あるがまま」を受け止めることにより、自分も他者も変わってきます。

カウンセリングはクライエントが中心になって進みます。そのときカウンセラーも、クライエントとの関係から多くのことを学びます。

まとめると、あるがままの自分、率直な自分、取り繕わない自分であることが重要であり、自分自身が何を感じているかに気づく時、あるがままの自分でいられるようになり、そのような自分を受け入れることができた時、自ら変化していくことができるのです。

また、他者を理解できれば、自分にもプラスになり、他者も変わっていきます。他者を受け入れることは、ただ理解することより難しいことですが、耳を傾け他者を受容することにより援助することができます。自分があるがままでいることや自分の体験過程をそのまま受け入れれば、他の人の体験過程も受け入れられるということです。そうして、あるがままを受け止めることにより、自他ともに変化していくのです。

カウンセラーは、基本的にクライエントが自由に自分を表現できる雰囲気や環境をつくり、その中で相手の内面を汲み取り、心が流れていく体験過程を一緒に受け止め考えていく、相手を変えようとするのではなく相手とともに体験していく、その過程を通して、こちらも相手も自然に変化していくと言うのです。あるがままを受け止め、とどまらず自己を再生化していく、それがカウンセリングだと説明しています。あるがままを受容するというのは禅にも通じていて、日本的な考え方に近いものがあり、私たちには容易に理解でき、自然に受け止めることができます。ロジャーズは、長い間の治療体験から、あらゆる人がカウンセリング体験により変化し、自己実現の方向を目指すことが可能であると繰り返し述べています。

◎エンカウンターグループ

来談者中心療法の後、ロジャーズの関心は、グループによるカウンセリングへと向かいます。これまでのカウンセリングは、1対1の個人カウンセリングでしたが、集団のためのエンカウンターグループをはじめました。

これは「出会いのグループ」と訳されますが、それまでに出会ったことのない人々が、ある時、一同に会して、テーマも決めず、ファシリテーターという世話役を交えて話をはじめます。テーマも司会者も、規則もない場でどのような話が出るか、どのようにグループが進んでいくか、全く分からないのですが、目的とされるところは、自発性と主体性を最大限に尊重したグループの中での個人とグループの成長です。1対1の面接と違って刺激も多く、反応も多いのです。したがってどのような方向へ進むかによって、参加者の体験はかなり違います。はじめての出会いということで、お互いに先入観がないし、その後、会う機会もないため防衛する必要がなく真の自分を表現できます。そこで自分を見つめ、これまで気づいていなかった一面を発見したり、自己開発することもできます。また、グループの中でどのような立場を取るか、ということを考えなければならず、他者との関係に配慮が必要となり、人間関係をつくるためのトレーニングにもなるのです。

ロジャーズは、このエンカウンターグループを広く国際レベルまで広げました。人種、性、宗教、思想の違う参加者を数十人から数百人に広げ、内容も人種差別、基本的人権運動などの問題解決にまで発展させました。彼には、個人カウンセリングにおいて可能な個人の変化や、自己実現に向けての成長は、グループの中でも達成できるという強い信念があったのです。このエンカウンターグループの活動を、晩年まで続けました。

7　聴き手（カウンセラー）の条件

ここでカウンセラーの条件について述べていきます。ロジャーズはカウンセラーの条件として3つをあげています。①クライエントに無条件の肯定的配慮、②共感的理解、③自己一致・純粋性・真実性です。60頁の「カウンセラーとの出会い」でも説明していますが、ここではさらに詳しく説明します。

◯クライエントに無条件の肯定的配慮

カウンセラーが、クライエントに対してどんな条件もつけずに受け止めるということです。どんな条件もつけないということは、たとえば「もしあなたが、もっと素直であるなら……」とか、「あなたが一生懸命働いていることは支持するのだけれども、人間関係がうまく築けないというところは、……」などといった条件つきで受け止めるのではなくて、クライエントのそのままを全体として受け入れるということです。よいところはもちろんのこと、欠点も含めてどんな状況であっても受容するということです。たとえ、クライエントの態度が攻撃的であっても、カウンセラーはクライエントに肯定的な配慮を持ち続ける、ということです。単純な言葉で表すなら、クライエントを好きになるということかもしれません。しかし、だからクライエントを自分の思いのままにする、とか閉鎖的な関係をつくるのではなくて、クライエントを1人の人として、主体性を認め、個性を尊重した上で、好きになるということなのです。

そして、クライエントが自分の考えにそって行動できるように、クライエントを自立した人として尊重するのです。そのようなカウンセラーの態度の下では、クライエントは自由に力が発揮でき、潜在的に持っている力も自然に出てきます。つまり、カウンセラーとの関係が信頼でつながり、クライエントは安心して自己を表現できるのです。そうすることで問題は解決され、成長へと向かうと考えるのです。

問題を考え、自己実現を目指して自発的に進むのは、クライエント自身に他なりません。そのような方向を歩めるように、カウンセラーはクライエントを信頼し、そして待つのです。無条件の肯定的配慮を持って自分を受容してくれていることを理解したクライエントは、カウンセラーを最大限に信頼することが可能になります。安心して自分を解放することができるようになり、前へ進めます。

◯ 共感的理解

共感についてロジャーズは次のように述べています。「クライエントの私的世界を自分自身の世界であるかのように感じとり、しかも〈あたかも……のごとく〉を決して失わない――これが共感なのであってこれこそがセラピーの本質的なものである。」

たとえばクライエントが、「どうしても許せないほどの憤りだったのです」とか、また、「なにかを言われるのではないかと不安いっぱいでした」などと述べた時、それが自分自身の体験のように感じられるということです。つまり、クライエントの内面を自分が体験したように感じることです。

しかし、大事なことは自分自身の憤りや不安と混同させないことです。あたかも自分の体験であるかのように感じるのですが、自分の感情もまじえて一体化してしまうのではありません。したがって同情とは違います。同情は、辞書を引くと「他人の身になって喜びや悲しみをともにすること」とあります。つまり自分自身の感情を巻き込んでしまいます。そうすると建設的でなくなり、前へ進めません。クライエントとともに埋没してしまう危険性があります。「あたかも……のごとく」を失っているのです。共感的理解で面接を進めていく時に、カウンセラーは自立していて、クライエントの感情に振り回されることはありません。

しかし、実際には共感的理解は難しいものです。初心者は自分のことのように感じたら、よほど注意しなければ巻き込まれてしまいます。話を聴きながら感情的に巻き込まれることはよくあることです。困難なクライエントの中には無意識に周囲の人を巻き込もうとする場合さえあります。

また逆にカウンセラーの「あたかも……のごとく」の態度が、距離を置いた客観的な冷たい態度と取られることもありますので十分な訓練が必要だと思います。

共感的理解は、基本的にはクライエントの思いを受け止めていくのですが、一歩進んでもう少し積極的に行う場合があります。それは、クライエントの内面を深く理解して言葉に表して伝えることです。

クライエントの内面を理解しようと熱心に聴いていると、クライエントの内面深くまで入っていき、クライエントがうすうす気づいていても、まだ言葉にしてははっきり言えないことまで、カウンセラーが推測できることがあります。それをロジャーズは「特殊で能動的な傾聴」と言っています。つまり、受動的に言ったことだけを聴いているのではなく、クライエントが言葉には、はっきりと出さなかったことまで感じられるような聴き方ということになります。

たとえば、次のようなやりとりが考えられます。

ク：私が人一倍がんばって成績を上げているのに、誰一人私のことを理解してくれないのです。

カ：あなたが１人で一生懸命頑張ったおかげで成績が上がったのに、誰も理解してくれないなんてまったくいやになってやる気が出なくなってしまいますね。誰か１人でも理解してくれるといいですね。

このような発言によって、クライエントは深く理解されたことが分かり、自分では言葉に表現できなかったことが、自分自身でも明確に整理されるのです。その結果、会話はよい方向へ進むのですが、初心者にはちょっと難しいかもしれません。経験豊かなカウンセラーは、このような方法を用いて効果をあげています。

カウンセラーがクライエントに示した共感的理解の割合が高いほど、クライエントが建設的なパーソナリティへ変化した度合いが大きかった、という研究結果が出ています。また、クライエントが混乱して自分のことをはっきりと言えなかった場合でも、それに対してほんのわずかな共感的理解を伝えることでクライエントが変化できる、という結果も出ています。つまり、一生懸命理解して聴こうとする姿勢があれば、それだけでもカウンセリングの効果は得られるのです。

◯ 自己一致・純粋性・真実性

カウンセラーは、自分自身が体験していることと意識していることに矛盾がなく、一致していることが必要です。カウンセリングで批判を恐れてその場だけ調子を合わせていたり、防衛的に振る舞ったり、役割を演じているだけで本心は違う、というのでは相手に不信感がわきます。ちょっと話しただけでもその人が本当の自分の感情を述べているかどうかは、相手に分かるものです。自己不一致のカウンセラーの下では、クライエントも用心深く慎重になってしまって自分を解放できません。

ありのままを率直に表現してくれる人をクライエントは信用します。ロジャーズは自己一致について「体験と意識が正確」に一致している状態と言っています。彼はパーソナリティを**図1**の図式で説明しています。

全体的なパーソナリティは自己構造と経験からなっています。自己構造は、自己概念でもあり、個人の特性や価値観など、意識することができるものです。経験は、直接的に経験したことを示しています。

第Ⅰ領域は、自己概念と経験が一致している領域です。第Ⅱ領域は、自己概念と経験が不一致の状態で経験が歪曲されています。第Ⅲ領域は、自己概念と経験が不一致のために意識

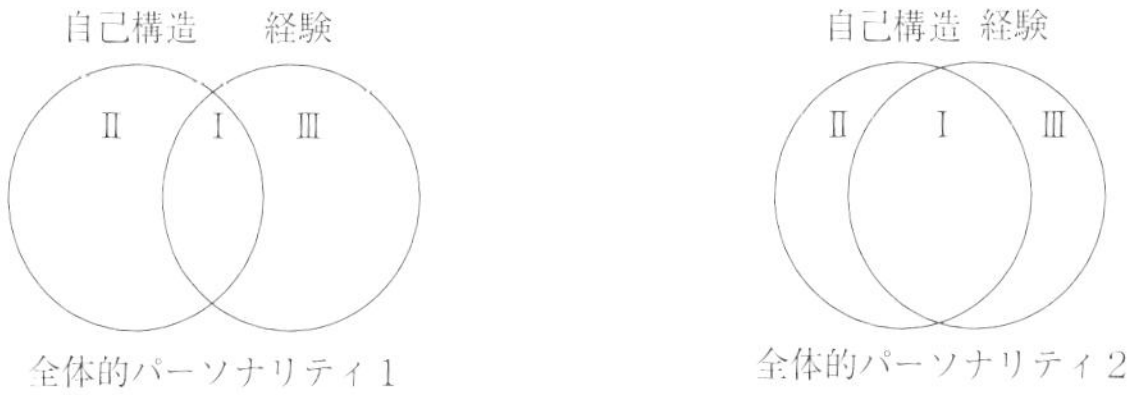

図１　全体的なパーソナリティ理論
伊東博編訳（1967）『パースナリティ理論』岩崎学術出版社、149頁を基に筆者が改変

されない経験があることを示しています。不一致とは自己と実際の経験との間のズレです。不安とか混乱している状態とはこのようにズレがあることを示しています。パーソナリティ１は、ズレが大きく自己構造と経験の不一致が示されています。パーソナリティ２は、自己構造と経験の一致が大きく、自分が感じていることと体験の一致度が高く、緊張や不安が少ないことを示しています。

カウンセラーは正確に自分自身を意識できており、実際の体験との間にズレがないことが必要です。簡単に言えば、言葉と行動が一致していること、表裏がないことです。

さらに、ロジャーズは、体験、意識、コミュニケーションの一致について述べています。たとえば、お腹がすいている幼児が泣いているとします。幼児にとって、お腹がすくという体験は意識と一致し、泣くというコミュニケーション手段を通じて他者に伝えています。体験、意識、コミュニケーションは幼児の場合、寸分たがわず一致しているのです。そして統合されています。幼児の「純粋さ」に心を動かされるのは、このように完全に一致していて嘘がなく、単純、素朴でかわいいからです。大人は体験、意識、コミュニケーションが一致せず、どこかにズレがあることが多いのです。そのズレは、人それぞれによって度合いが異なり、またひとりの人をとってみてもその時々や事柄によってズレの度合いが異なります。

カウンセリングにおける一致について考えてみましょう。カウンセラーが体験と意識が一致していると、クライエントはカウンセラーから明確さと純粋さを感じ取るでしょう。たとえクライエントが不一致の状態にあっても、カウンセラーの一致度が高ければ、クライエントの反応は次第に一致度が高くなり、明確なものとなってきます。

カウンセラーの自己一致が高いほど、クライエントを率直に受け止めることができます。そしてクライエントは自分が理解されているという感じを持つことができます。すると、防衛が少なくなり、治療が効果的に進むのです。そして治療的関わりで再体制化された自己が外へ向けて発信され、それが受け止められたら体験、意識、コミュニケーションの3つが一致したといえ、社会で適応して生活していけるのです。

このようなことを考えると、カウンセラーの人格は、カウンセリングに強く影響を与えます。したがってカウンセラーのパーソナリティは大変重要になってきます。ここでカウンセラーや傾聴者に期待されている人格特性について考えてみましょう。

○カウンセラーに期待されている人格特性

ダメロン

ダメロンは、カウンセラーに求められる行動特性について以下のことを列挙しています（渡辺：2002）。

①頑固でなく、オープン・マインドである。
②「あいまいさ」に耐えることができる。
③情緒的安定、心理的確実感、強さと自信、勇気を持って行動する力がある。
④「未来志向的な精神」を行動化できる。
⑤高度の忍耐力をもつ（わずかな変化にも気づき、変化を待つことができる）。
⑥ユーモアのセンスをもつ。
⑦創造性を発揮できる。
⑧自己受容ができる。
⑨自己理解ができ、特に自分の情緒的限界を自覚している。
⑩知的、論理的に問題の発見、考察、推論、解決ができる。
⑪適切な寛容さをもてる（自分と異なった意見や価値、信念などに対して客観的になれ、外部の

評価を恐れないなど）。
⑫個々人の独自性を尊重し受け入れられる。
⑬客観的でいられる（他者の問題や感情に溺れない、他者の評価を恐れない、他者と適切な距離をおける、他者の変化を認識できるなど）。
⑭自己の限界を洞察し、他者の援助を求める謙虚さをもつ。
⑮自己の長所や強さを認識できる。

ロジャーズ

ロジャーズは、アメリカ心理学会の委員会が望ましいカウンセラーの特質として述べているものをあげています（『カウンセリングの訓練』）。

それは次のような特質です。
①優れた知的能力と判断。
②独創性、豊富な資質、および融通性。
③〝新鮮で飽くことのない〟好奇心：〝自学する人〟。
④巧みに扱う対象としてよりはむしろ、1人の人として人間に関心を持っていること――すなわち、他の人々の統合性に対する配慮。
⑤自分のパーソナリティの特質への洞察、ユーモアなセンス。

⑥動機づけの錯雑さに対する敏感さ。
⑦寛容：〝謙譲〟。
⑧〝治療的な〟態度を選ぶ能力：他の人びとと暖かい効果的な関係をつくる能力。
⑨勤勉：規律正しい仕事の習慣：圧力に耐える能力。
⑩責任の受容。
⑪如才なさと協力性。
⑫統合性、自制、および安定性。
⑬倫理的な諸価値を識別するセンス。
⑭文化的な背景の広さ―すなわち、〝教育のある人〟。
⑮心理学、とくにその臨床面への深い関心。

５つのパーソナリティ特性

上記のカウンセラーに期待されるパーソナリティ特性について、自分はかなりの線まで到達できていると思う人もいるかもしれませんが、著者はもちろんのこと大方の人にとっても、高すぎる目標でしょう。これらの人格特性は努力目標と考えればいいと思います。しかし、あまり項目が多いので、項目の数を減らしてみました。このような操作をするには本来統計的な処理をするのですが、ここでは、同じような項目を一括りにして、項目数を減らしてみました。

ダメロンのあげたものは次の5つ、①寛大な自由さ、②客観性、③情緒安定、④自己受容・他者受容、⑤未来志向にまとめられました。アメリカ心理学会があげた項目は、①臨床心理学・人間関係への関心、②寛大性・独創性、③勤勉・責任、④自己理解にまとめられました。これらの中でどんな職業でも必要な一般的な勤勉、責任感などの項目ははずして、カウンセラー特有の必須条件を拾ってみました。その結果、下記の項目が残りました。

①寛大な自由さ
②客観性
③情緒安定
④自己受容・他者受容
⑤未来志向

厳密には言えませんが、これらがカウンセラーに必要な性格特性であるようです。他者に対して寛大で自由、そして他者を偏りなく客観的に見ることができて自己受容と他者受容ができることです。そして情緒が安定し、未来に希望を持っている人が浮かびます。なんとなくイメージがわいてきます。前向きな人で大らかな安らぎを感じさせて、話してみたくなるような人です。ここで双方にあげられているのが自己受容であることに強く興味を持ちます。実際、他者理解や他者受容よりも自己理解、自己受容の方が先なのです。自分を理解し、受容できる人が他者理解もできるのだと思います。まずは自己理解から進める必要があります。自分の内面を素直に認め、良いも悪いもそれなりに理解して受け止めることが重要です。

8 聴く技法

ロジャーズは、初期にはカウンセリングにおける技法について多く述べていますが、カウンセラーにとって重要なのは、技法よりも聴く態度や、心構え、人間性だと主張しています。確かに技法を重視しすぎたり、それに捉われたりしていると真の面接はできなくなると思います。

しかし、特に初心者は一応の面接の技法を身に付けておくと、面接がスムーズに進み、また面接を深めることができます。1回の面接で多くの内容を聴くことができ、クライエントをよく理解でき、短い時間を有効に使うことができます。一応、技法を身に付けておいて、それに捉われないでカウンセリングができるとよいと思います。そこでここでは、ロジャーズが述べている中でよく使う、聴く技法について述べます。

◯ 受容

あいづちを打つ

受容は積極的傾聴ができてはじめて成立するものです。しっかり相手の顔を見て話を受け止め、適度にあいづちを打って聴くと相手にこちらの意志が伝わります。

はじめはどのような時にどれくらいの間隔であいづちを打つのかを判断することも難しい、と思いますが、あまり深く考えず、自然でよいと思います。ウムウム、ハイ、エエ、などの言葉が自然に出てくるといいでしょう。軽くうなずくことでも相手にこちらの思いはよく伝わります。

ひたすら理解し、受け止める

どの程度話し手の心を汲み取れるかは、実際のところ確実には分からないのですが、自分の身体全体が耳であるといった状態にして、とにかく聴き取る努力をします。自分の思いを脇において、またはできるだけ無の状態にして、話し手の言葉を細大もらさず受け止めるように努力することです。このように心がけながら、何回も聞いているうちに真意を聴き取れるようになります。

単に情報を必要としたり、具体的な援助だけがほしい人はカウンセラーのところへは来ないでしょう。クライエントは自分の内面の問題を解決するための援助を必要としているわけですから、相手の内面を理解しようとして聴き取ることができたらカウンセリングの目的は、ほぼ達成できるのです。クライエントは、自分を理解してもらいたいから話すわけですから、とにかく理解に努めるのです。

受容は受け止めることを意味します。とにかく私の話を聴いてほしい、そして私を理解してほしい、という思いがクライエントの根本にあるのです。それを聴き取るのです。聴いて理解してもらえれば、その先は自分で解決できるという思いを、クライエントは無意識のうちに持っていますし、自分が主体であり、自分が動くことが重要であることは、クライエントも気づいています。カウンセリングが進んでいくうちに、その力は確かに出てきます。

カウンセラーが誠実に聴く姿勢を持てば、自然にクライエントとの間に真実の関係、信頼のできる人間関係が生まれます。カウンセラーが何の思惑もないまっさらな、素直な心で受け止めれば、相手もそのように対応します。そこから出てきた情報は、相手の真実です。

ひたすら聴くということは、最初のうちは十分できないかもしれません。しかし、そのように努力していると、聴き手の真摯な誠実さは相手に伝わります。私の話すことを熱心に関心を持って聴いて、一緒になって考えてくれていると感じたクライエントは、それだけで自分も誠実に聴き手に対応し、自分の問題について真剣に立ち向かい、困難を乗り越えていくものです。

私は、クライエントに向かう時はいつも、私自身の気持ちが伝わるだけでもよいと思っています。私自身の気持ちとは、私が熱心に聴き、理解しようと努力していることです。それが分かれば、クライエントの力になるだろう、という思いです。

相手にも、自分にも素直に聴く

聴き手が話し手の言葉に素直に耳を傾け、額面通りに受け止めていけば、自然に面接が展開し、深まっていきます。双方に面接してよかったという実感がわきます。つまり究極のところ、心のケアは聴くことにあると言えます。聴いて理解してもらっただけで心が満たされるのです。カウンセラーは、話し手が何を言いたいのかを的確に捉えることが重要であり、それが面接における核心です。

聴くことはカウンセリングの必要十分条件

一生懸命聴いていくうちに、話している人の意識ばかりでなく無意識も変化してきます。つまり、問題の発生は意識できていないことが多く、解決策もすぐに得られるものではありません。しかし、聴き手に聴いてもらうことによって、少しずつ考え方や見方が変わってくると、内面の無意識の部分にまで影響が及ぶのです。さらに続けていくと、自分自身や世界の見え方が変わってきます。カウンセリングによる建設的な変化とは「個人のパーソナリティの統合性がより大きくなり、内面の葛藤が少なくなり、効果的な生き方に用いられるエネルギーが大きくなったと認められる方向に変化すること」と、ロジャーズは言っています。ひたすら聴くことによりこの目的が達成できるのです。

◯ 内容の再陳述（繰り返し）

これは、クライエントが言ったことの反復です。ほぼ言ったままを繰り返します。感情的色合いよりもクライエントの知的な面をより多く繰り返します。例をあげてみましょう。

ク：「僕は本当に、自分が正しいのかまちがっているのか、決められないんです。もしもまちがっているのなら、ぼくは、それを打ち破ろうとするだろうと思うんです。実際、そのことを考える時間もないほど、全く自動的にそうするんですよ」

カ：「あなたはご自分が正しいのか、まちがっているのか、決められないんですね」

表明されている考えの反復

クライエントによって表明されている考えの反復です。聴き手が再編成しないでそのままを繰り返す。反射するような感じで行うのがコツです。

ク：「いろいろ迷っていたのですが、思い切って行ってみようと決めたんです」

カ：「行くことに決めたんですね」

明快に要点をつかむことが重要であり、話し手が使った言葉で短く要点をつかんで繰り返します。

ク：嫁は外へ行って疲れるよりも家にいてゆっくりしていた方がいい、と言う。確かに外へ行くと足、腰が痛くてしばらくは寝ていなくてはいけないんです。そうしていると息子が家でゴロゴロしてないで、散歩でもして身体を鍛えた方がいいと言うし、自分ではどっちにしたらよいか分からないんです。

カ：お嫁さんは家にいてゆっくりする方がいい、息子さんは散歩でもして身体を鍛えたほうがいい、と言い、あなたはどっちにしたらよいか分からなくなってしまうんですね。

言葉を言い換えてまとめない

こちらの言葉で言い換えてまとめないことが重要です。相手の使った言葉で返しましょう。実際の面接では、内容の再陳述は多く使われます。クライエントの発言からはずれないように、その言葉を使って再現してみるのです。クライエントがなにかの体験を語って、

ク：こんな体験はじめてです。ものすごく大変だったんです。

と語った時、

カ：ものすごく大変だったんですね。

と再陳述します。もちろん技術を技術として使うことは適切ではありません。クライエントの気持ちを汲み取り、十分受容できた時にこの言葉が出てくればよいのです。自分がクライエントであるかのように話を聴いていると、自然に言葉が出てきます。

クライエントは、カウンセラーの再陳述に対して分かってくれたのだ、という安心感が持てますし、カウンセラーに対して信頼感がわきます。そして話してよかった、という気持ちになり、さらに次の言葉が出てきます。そこで話が深まり、問題の核心に進むことができるのです。再陳述することで、短時間で効果のあがる面接が可能になります。初心者にとっても難しい技術ではありません。自分がクライエントの言葉を反射するつもりで、できるだけ話し手が言った言葉をその通り繰り返します。心を映し出すと言うと難しく聞こえますが、具体的に言葉の意味を受け止めて、その言葉通りを返してみるといった訓練をするとよいと思います。

○ 感情の明確化

クライエントが述べている感情を統合し、はっきり分かるようにクライエントに返す技法です。単純に言い方を変えただけのものは感情の明確化ではありません。端的に言うと心の鏡になるとも言えましょう。クライエントは問題や葛藤を抱えています。本人もどうしたらよいか分からないまま、自分の思いを一生懸命語ってくれるのですが、自分の感情が混沌としていて、まとまりがなくなってしまっています。カウンセラーは、本当の気持ちや問題がどこにあるかを、心を込めて聴き取ります。クライエントの感情を、本人が明確に表現できない部分までも含めてカウンセラーが明確にまとめる、ということです。つまりクライエントの本当の気持ちを明確にするということです。

ク：「要するに、たとえ私が何か大きなこと、つまり、私が大きいと思うこと、をやりたいと思っても―現実には、自分がそのためにしっかりしなくてはならないので、私はそれに対して資格がないんです。それだからなんて言うか―（笑う）そのー、もちろん、いちばん手近なことをやるのを喜んでいるみたいじゃありませんか」

カ：「あなたは、もっと低い手近な目標をたてるのをよろこんでいるわけではない、という気がするけれど、やっぱり、なにかずっと大きい目標に達するのには、あなたには資格がないとわかっているのですね、そういうことですか」

このように自分が聴き取ったことが、相手の気持ちを十分反映しているか、について聞いてみることもあります。内容の再陳述と違って必ずしもクライエントの使っている言葉を使うわけではありません。

ロジャーズとともに研究していた仲間の1人である、スナイダーは「平均して、非指示的なカウンセラーの陳述の約半分はクライエントの感情の明確化であり、カウンセラーの陳述の約4分の1は単純な受容である、ということを見いだした。その残りの陳述は、場面構成をすること、賛同を与えること、再保証すること、直接の質問をすること、クライエントの言葉の内容を再陳述すること、クライエントの感情を解釈すること、情報を提供すること、などのような応答からなっている」（『カウンセリングの訓練』）と言っています。つまり、面接において感情の明確化は、面接の半分を占める重要な技術と言えます。クライエントを本当に理解していないとこの技術は使えません。クライエントが明確に理解できないことを明確にするわけですから、クライエントにとっては大変貴重であり、自分の現在の状態を見直し、考え直すきっかけとなります。ロジャーズは次のように言っています。

「クライエントたちは、解釈や、説得や、否認や、批判、には強く反発するが、しかし感情の明確化は受け容れるのである。」（『カウンセリングの訓練』）

○ 再保証

クライエントを承認するカウンセラーの陳述です。これは、クライエントの自尊心や自信を高めようとするものです。

カ：「よく自分で言えましたね。なかなか自分では言えないことです」

カ：「あなたのお気持ちはよくわかりますよ」

やや指示的な技術で、拒否されることもあります。再保証は、クライエントの心理状態をよく考えて使う方がよいと思われます。

ロジャーズは、カウンセラーにいくつかの基本的態度の必要性を提案しています。その第一は、カウンセラーは純粋にクライエントを受け入れなければならない、ということです。このことは、カウンセラーはクライエントに賛同を与えなければならない、あるいは、再保証によって自分が共感していることをはっきりと示さなければならない、という意味を含んでいるのではありません。むしろカウンセラーは、そのクライエントが、現にあるそのあり方をする権利、もしくは、クライエントが欲求するどのような他のタイプのパーソナリティへでも変化する権利を持っている1人の個人として、クライエントを受け入れなければならない、という意味を含んでいるのであり、また、このことを認知することが重要であることを述べています。つまり、クライエントの言っている内容を認めるのではなく、そのようなことを言っているクライエント本人を認める、ということです。

○ 質問

単純な質問です。カウンセラーが情報を求める場合や、クライエントの言動で理解できないこと、疑問に思ったことは率直に聞いてみることです。カウンセラーがクライエントに対する関心を示すことは、クライエントが問題を掘り下げるのに役立ちます。質問の仕方には、イエスかノーで答えられる質問と、さらに説明を要する質問があります。前者を閉じた質問とも言います。なぜなら、そこで終わってしまうからです。それでは話が発展しません。むしろ、次のような質問の方が話が続きます。このような質問は、会話が成立し人間関係が深まる質問です。

カ：「あなたがそのように思いはじめたのはいつごろからですか」
カ：「あなたは自分でそれをやるべきだ、と思うんですね」

○ 積極的傾聴法

ロジャーズは積極的傾聴法をカウンセリングの技法として説明しているわけではありません。積極的に聞くというのは、相手の言っている意味を理解することです。ロジャーズは次の事例をあげて、積極的傾聴法について説明しています。ロジャーズがあげている例について見てみましょう。

例1

職長：「主任さん、その命令は納得できませんね。今日中には無理ですよ。上の人は私たちをどう思っているんでしょうね」

主任：「でも命令だからね。今週は忙しいし、本当のところ出来るだけ早くやってもらいたいんだ」

職長：「プレスが故障していますから、今週は仕事が遅れているんですよ。上の人は知っているんですか」

主任：「そんなこと知らないよ。私は命令どおりに仕事がすすむように監督するだけだよ。それがわたしの仕事なんだ」

職長：「うちの部下は怒りますよ」

主任：「そこを君がなんとかすべきだよ」

例2

職長：「主任さん、その命令は納得できませんね。今日中には無理ですよ。上の人は私たちをどう思っているんでしょうね」
主任：「バカに気分をこわしているじゃないか」
職長：「そりゃそうですよ。プレスが故障で仕事が遅れていたんですよ。やっと遅れが取り戻せたと思ったらこの仕事でしょ？」
主任：「同情がないってわけだね。遊んでるわけじゃない―おいそれといってきたってできるもんか―ってことかい？」
職長：「そうですよ。うちの連中にどう説明するか、弱ってるんですよ」
主任：「今の忙しさじゃ言いだしにくいってことかい？」
職長：「そうなんですよ。今日は無理してますからねえ。こう急ぎ急ぎが多くあっちゃあ、やりきれませんよ」
主任：「連中がかわいそうだと思ってるんだな」
職長：「ええ、上の人も忙しいんでしょうが―しょうがないなあ。よし、なんとかしてみましょう」

（『カウンセリングの立場』）

　この2つの例を比較してロジャーズは、例2を積極的傾聴による聴き方と言っています。2つの違いは、例2の主任の聴き方と応答の仕方が、職長の言葉の意味とその背景にある感情に耳を傾けている点にある、と言います。つまり積極的に聴くということは、単に言葉を聴くのではなく、その意味とそこに含まれている感情を理解する必要があるということです。そして、聴き方は技術ではなくて心構えの問題であると言います。その心構えは、相手の持っている本質的な価値を心から認め、相手の権利と自立性を尊重するという心構えです。傾聴は単純な受動でなく、相手に内面的変化を生み出します。積極的に「聴く」と相手も自分のことを率直に言うようになり、言ったことに対して深く考え、内面的に変化するようになります。そうすればものごとの見方や人生観にも変化が現れます。

　忠告はめったに受け入れられないし、非難、批判はもちろん受け入れられません。また、よく評価することも励ますことも、相手の表現しようとする気持ちを抑えてしまいます。

　相手を自分の思う方向へ行かせようと思ったり、指導しようと思ったりせず、理解を持って傾聴することに専念するのです。大事なことは「私はあなたの言っていることをあなたの立場で聴いています」ということを伝えることであるとロジャーズは言います。

　こちらの態度や言葉は相手にも伝わり、相手もこちらへ同じように返してくれるということです。だから積極的な態度で聴くことが大事なのです。

聴き方の実際における注意

①相手の言おうとしていることの全体の意味を聞く

言葉の意味と底に流れている気持ちの意味と、両方を理解する神経の行き届いた聴き方が必要です。

②相手の気持ちに応える

たとえば、ロジャーズは機械工の例を出していますが、機械工が「こんな旋盤はたたきこわして、他の品物でもつくればいい」と言ったとしても言葉通りに応えることは無意味です。彼の怒っている気持ちを理解し、そのことに応えることが大切です。

③言葉だけでは不十分である

神経の行き届いた聴き方とは、言葉以外のためらい、声の調子、目の動きなどの非言語的で、ノンバーバルな面にも配慮を向けるべきです。

④積極的傾聴がもたらす危険

積極的傾聴が完全にできるようになり、相手の見方でものを見るということになると、聴き手は自分を失うという危険にさらされます。ここのところは大変難しい問題です。自分を捨てて相手に同化することにならないためには、自分が内面的に安定し、確立されていなければなりません。

このことは、積極的傾聴の結果として得られた受容、共感についても全く同じことが言えます。受容、共感は相手と一体になることではありません。自分自身をしっかり受け止め、理解した上での受容、共感が必要です。

9　話すこと

傾聴は、心を込めて聴くことです。これまで、とにかく聴くことを中心に述べてきました。ここで、話すことへ関心を向けてみましょう。

聴く前にクライエントが自由に自己表現ができているか、について考えてみたいと思います。もし、クライエントが、相談に来る以前に自分の思いを述べることができて、それが受け入れられていたら、問題は解決できていたかもしれません。また問題にならなかったかもしれません。一方、聴き手であるカウンセラーは、聴くだけで自分が感じた問題や思いは黙ったままで抑圧して言わないのか、聴くだけで相談を続けていけるのかも疑問です。ここでは、話すこと、自己表現することに視点を変えて考えてみたいと思います。

○　クライエントの自己表現

カウンセリングでは、クライエントが自分の考えていることを上手にまとめ、伝えることが基本的に重要です。初期のカウンセリングでは、クライエントがそのような状態になれるように援助することが、カウンセラーの役割の中心になるとも言えます。カウンセラーは

「ここでは何を話してもかまいません」と言うことからはじめます。クライエントは、最初は話しづらかったり、話すことに自信がなくオドオドと話すかもしれませんし、何を話しているのか理解できないような話し方をするかもしれません。話そうと思っていることがまとまらなかったり、カウンセラーを信用できなかったり、また話してもしょうがない、などという思いも出てくるかもしれません。

クライエントが話そうという気になるためには、カウンセラーは言葉だけではなく、ノンバーバルな態度にも注意する必要があります。話しやすい雰囲気、態度です。カウンセラーはクライエントが自己表現できるようにバックアップします。それをクライエントが受け入れられれば、クライエントは自分の言葉で自分を語ることができるようになります。ここからカウンセリングがはじまります。

カウンセラーはクライエント自身が感じていること、言いたいこと、考えていることなどをはっきりと自分で整理して把握できていること、そして、理解できるように適切に話せていることを大事にしながら、カウンセリングを進めます。そして、カウンセリングが継続していく中で、クライエントは多くのことに気づき、これまでと違った新たな自分を発見し、自分で自分を援助できるようになるのです。もちろん、ここには、クライエントが〈私は自分を語ることができ、分かってもらえる〉と感じられるようなカウンセラーの働きかけが必要です。

ここで注意しなければならないのは、カウンセラーの経験が浅い場合、ひたすらクライエントを尊重することばかりを考え、クライエントの要望を受け入れようとしすぎることです。たとえば、クライエントが望めば時間を延長したり、クライエントの要望に応じて面接場所を変えたりしてしまうことがあります。そのようなことは、クライエントを尊重することにはなりません。クライエントの依存心を高め、自立心を奪い、むしろマイナスになることが多いのです。時間、場所などはカウンセリングの枠組みでもあり、カウンセラーの立場を守る意味もあるのですが、それをこわしてしまい、よい結果にならないのです。

◯カウンセラーの自己表現

カウンセラーは聴くことが大事であることを述べてきました。その結果、カウンセラーは自分の意見を言ってはいけない、助言や情報を伝えてはならない、などの思いを持つかもしれません。もしそうだとしたら、カウンセリングはカウンセラーにとって抑圧の強いストレスフルなもので、かなりつらい仕事になります。

カウンセラーがこのような状態であったらカウンセラー自身の身がもたないばかりではなく、クライエントにもカウンセラーの緊張感が伝わり、カウンセリングは続かなくなります。そしてこのような面接は本質的にカウンセリングではありません。

カウンセリングは人間関係で成り立つものです。クライエントに自由に自分の思いを述べてもらうためには、カウンセラー自身にそれを受容できる素地が必要です。そのためにはカウンセラーも1人の人間として認められ、必要な時には自由な自己主張ができることが大事です。そのような状況でクライエントもカウンセラーも平等な立場で自由に発言できるのです。カウンセラーとして大事なのは、カウンセラー自身も自己表現ができて自身も尊重されるということが分かっていることです。

実際にカウンセラーも必要な場合には、真の自分を理解し、整理して相手に分かるように発言することがあります。しかし、その主張の仕方には十分な配慮が必要なことは言うまでもありません。自分がなぜそう思うかについて、丁寧に相手が納得できるように説明することが必要です。

しかし、カウンセリングの初期の段階では、カウンセラーが自己表現できるような関係はまだつくれません。最初の段階ではカウンセラーは、クライエントを理解し、クライエントが十分な自己表現ができるように受容に努めます。次第に、双方に信頼関係ができると、カウンセラーも自由に自己表現できるという実感を持つことができます。そして、カウンセラーは自分が疑問に思うことは率直に質問し、必要な時には情報も伝えます。

クライエントを人として尊重し、その自由な表現を保証することは、来談者中心療法の方法そのものです。それと同時に、カウンセラーも必要な場合には自己表現ができるという了解の下に、クライエントとカウンセラーが、同じ場面で相互交流しながら問題を解決したり、人間性を高めあっていくのです。

ベテランのカウンセラーはカウンセリングにおいて、さほど疲れたり落ち込んだりはしません。自分自身が我慢したり、抑圧していないからです。効果的なカウンセリングにおいてはカウンセラー自身も解放され、心豊かな体験ができるものです。これは傾聴においても全く同様です。

◯ 自己表現の仕方

自分の考えを述べること、自己表現について平木（２０００）はアサーションという言葉で説明しています。アサーションとは、「自分も相手も大切にした自己表現」、「自分の考え、欲求、気持ちなどを率直に、正直に、その場の状況にあった適切な方法で述べること」（平木：２００２）とあります。

平木（２００８）は、アサーションはその基本に次の３つの自己表現があることを理解することからはじまる、と言います。非主張的自己表現、攻撃的自己表現、アサーティヴな自己表現の３つです。

非主張的自己表現つまり何も言わないこともひとつの自己表現になるわけです。自己主張しない自己表現です。「沈黙は金」という言葉があるように、これまでの日本人は沈黙を尊びました。そして、現代人もどちらかと言うと沈黙が好きです。なぜ沈黙かというと、「楽である」というひとつの理由があります。黙っていれば、追求されることがない、自分が嫌われない、バカにされないなど、自分を防衛できます。また、不安がある、自信がないなどの場合もあります。立場上言えないこともあるでしょう。よく分からない場合もあります。とにかく諸々の理由で黙っていることは結構多いのです。そして、その時は楽ですが建設的な態度とは言えません。

したがって、黙っていることは、いいことばかりではありません。発言しなかったばかりに無視されて、自分の思うようにことが運ばなかったりします。何より、発言しなければ自分が理解されることはありません。それが重なると大きな誤解が生じたり、何を考えているか分からない人と見られてしまいます。

これまで時折、著者自身もこの立場を取ってきたように思います。どうして主張しないかは、その時々によって種々の理由がありますが、やはり黙っていた方が無難だと思ったことが多かった、と思います。言わなければ後になって後悔することもなく、攻撃されることもないと思ったからです。立場上、自分の考えが言えなかったり、私が言わなくても誰かが言ってくれるだろうと思ったりしたこともありました。

しかし、結果として発言の機会を逸してしまい、自己主張しなかったために自分の考えが伝わらず、歯がゆい思いで逆に後悔することも多かったのです。それが重なると不適応に陥ってしまいます。

一方、攻撃的な自己表現は、自己表現はするが相手の言い分は聞かず一方的に主張する場合です。相手を軽視したり、攻撃したり、自分の不満を相手にぶちまけたりすることです。このような場合、話し手に相手を尊重する気持ちはありません。多くの場合感情的になっています。言った時はスッキリするのですが、後で後悔したり、問題が生じたりします。結果として話し手自身も相手から受け入れられません。

○ 適切な自己表現

非主張的自己表現と攻撃的自己表現の中間的自己表現と言い、平木はアサーティヴな自己表現と言っています。中間的自己表現とは、考えてみるとかなり難しいものです。平木は「黄金率的自己表現」としています。そして、それは「自分が考えていること、気持ちなどが明確に捉えられ、それを適切に相手に分りやすいように伝えてみようとする自己表現です。同時に、相手もそのように自己表現することを許容し、相手の考え、気持ちを理解しようとする」ことと言います。アサーティヴな自己表現の背景には、冷静に自分を見つめ判断できる理性と自己を表現できる能力が必要です。さらに相手を尊重できる人間関係能力も必要です。つまり自己表現以前にそなわっていなければならない能力が必要となるのです。それを培う必要があります。個の成長という視点から見れば、適切に自己表現ができることは、成長の大きな要因となります。この能力を身に付けること自体がカウンセリングのひとつの目標となり得ます。本来、自由に自己表現ができていれば、問題は起きないはずで不適応や神経症にもならなかったからです。しかし、そうした個人的能力とは別に、自己表現できるためにはある程度の条件が必要です。つまり、民主的な自由な発言を尊重し、実現できる風土が整っていなければならないということです。現実的な一般社会では、この背景的要素を実現することが難しい現実があります。まず、その状況をつくりあげることにかなりの努力が必要となるわけです。

カウンセリングの場は非日常的な場面であり、お互いに尊重するという前提があるので、適切な自己表現ができる場です。そして、カウンセリング場面で自由に自己表現し、それが受け止められるという体験が個人の成長を促す、と言えます。

10　ロジャーズ自身による面接過程

ここでは、ロジャーズがデモンストレーションとして30分間行った面接を参考にして、1回のカウンセリングの全体の要所を簡略化して説明します。

クライエントは35歳の女性です。彼女は2つの問題を抱えています。1つは結婚と子どもについての恐れ、2つ目は老いることへの不安です。面接は次のような流れで実施されました（ここでは、会話文においてロジャーズを「ロ」と表記しています。会話文は『ロジャーズ選集（上）』からの引用となります）。

①受容
②クライントの感情、意味づけを理解する
③クライエントにカウンセラーが自己探求の仲間であることを知らせる
④クライエントを信頼し核心へ向かう
⑤クライエントが自分の感情を十分に体験できるように援助する

○　受容

ロジャーズはまず、気持ちをクライエントだけに向け、彼女の表現するどんなことも受け止められるように精神を集中した、と言っています。面接する場合、注意が集中するように態勢を整えます。自分の身体の調子も最善の状態にします。

ロ：「あなたが私とどういうことを話したいのか私は知りません。〔中略〕でも、あなたがどんなことを話しても、しっかりと聞く準備ができています」

と、ロジャーズは面接をはじめます。クライエントは安心して話しはじめます。ここでロジャーズは特定の質問や脅威になるような質問、特定の方向を示したり、価値判断を暗示することは一切言わない、と言っています。

クライエントから2つの問題が出されます。ここでも、どちらを先に取りあげましょうか、と聞いてクライエントに選んでもらいます。クライエントは、その1つ、老いることへの不安を選びそれについて述べます。そのため「パニック」になると述べたことに対して、

ロ：「それがとても怖いんですね。あなたは本当に―。それでパニックになってしまうんですね」

と受容しています。ここで、ロジャーズは、クライエントがパニックに対して何らかの援助をしてくれると期待していることが分かっています。たとえば、パニックに陥る必要はありません。誰でも歳をとるし、それは自然のことです、受容せざるを得ません、とか、パニックは不安が原因です、不安に陥る必要などないのです、などと言って、励ましてくれるのではないかと思っていることが分かっています。しかし、パニックに対して何の援助もしませんん。受容のみです。このロジャーズの受容により、クライエントはパニックの状態をここで再体験し、パニックの原因や意味を深く考えることができます。

◯ クライントの感情、意味づけを理解する

クライエントは、母がいろいろな才能を持ちながら若くして亡くなったことを述べます。そして、それがパニックと関係あるかもしれない、と言います。

ロ：「あなたにもその可能性があると、そんな感じがあるのですね。そしたら時間があまりにも短いと感じられ始めたんですね」

ク：「そうなんです！」

ここでロジャーズはクライエントの体験の意味をしっかりと受け止めて、彼女の表現よりちょっと先の発言をしています。ここで彼女は、ロジャーズが自分の言おうとしていることを、しっかり受け止めてくれていることを理解したと思います。もし、彼女が「いえ、そうではないんです」と言ったら、彼女の発言がどんな意味だったのかをさらに探索するとロジャーズは言っています。

○クライエントにカウンセラーが自己探求の仲間であることを知らせる

クライエントは、晩年は惨めな女性になっていったことなど、さらに母について述べます。それに対して

ロ：「〔中略〕母に起こったことを考えたら私も母と同じ道をたどっている」

ク：「そうです」

クライエントは、カウンセラーと一緒に自分がなぜパニックになったのかを探索します。その時は、お互いに自分がカウンセラーであり、クライエントであるという意識を忘れ、同じ立場で一緒に考えています。クライエントはクライエントである立場を忘れて、ロジャー

ズが話している時、それをさえぎってしゃべりだすこともあり、2人でクライエントの自己探求をしているかのようだった、とロジャーズは述べています。クライエントは、ここで自己探求という体験をしているのです。

ロジャーズは、クライエントをリードしようとしません。なぜならクライエント自身が自分の悩みの源が分かっているからです。基本的には、クライエントの後からついていきます。しかし、2人の道がはっきり見える時には、1歩前へ行ったりすることもあるし、「直感からの導き」がある場合（直感的に分かる時）には前方に少し跳躍する、と言っています。

◎クライエントを信頼し核心へ向かう

ク：「（中略）確かにこの問題を多くの人と話していません。本当にその反動が怖いからだと思うんです」

ロ：「それであなたは求めてるんですね。――誰かを。あなたにとって必要で、あなたが望んでいて、本当にあなたを信じることができる誰かを」

カウンセラーとして、クライエントの感じ方と、その意味の中心部分をクライエントにフィードバックすればいい。最上の答えはクライエントからしか出てこないから。私は、クライエントが自分自身のやり方で、自分なりのペースで、葛藤の核心に向かっていくようにしたい、とロジャーズは述べています。

つまり、クライエント自身が自分で答えを知っているのだけれども、それに気づいていないと考え、そのことを信じきるのです。そうすることにより、カウンセラーが言わなくても自然にそこへ行き着く、と言います。常にクライエント中心です。

◎クライエントが自分の感情を十分に体験できるように援助する

苦悩する感じが十分に深く、広く感じられる時には、その人はそこから動き出すことができる、とロジャーズは言っています。クライエントがカウンセリング場面において、自分の感情をしっかり受け止め、理解するなら苦悩から抜け出すことができるようになる、と言うのです。カウンセリングの場をそこにするのです。

ク：「でも私、私……すごく怖いんです。後ずさりしてしまって、前に向かって行かない。〔中略〕それについて考えはじめると、それを止めようとしてきたんです。でもそんなことをしてもうまくいかないんです。〔中略〕暗闇の中に入りこんだんです。〔中略〕」

ク：「〔中略〕お祈りはするんですけど〔中略〕。やっぱり実際に誰かと直接に接触しなければならないんです〔沈黙〕」

ロ：「つまり、あなたのもっとも親しい友達はあなたが内部に隠しているあなた自身、怖がっている少女〔中略〕つまり表にはそんなに顔を出さない本当のあなた自身ではないか、〔中略〕」

ク：「実を言うと—今おっしゃったこと、そして振り返ってみると—これまで私はその少女をすっかり失ってきました〔中略〕」

ロ：「〔中略〕それでしたら彼女をさがさなきゃなりませんね〔笑う〕」

ク：「まったくその通りです」

このやりとりは、600人の参加者の前で、ステージの上で30分という短い時間でなされたカウンセリングですが、来談者中心療法による全容がつかめるばかりでなく、その効果もはっきり分かります。カウンセリングの中でクライエントが十分悩むこと、苦しみを味わうこと、カウンセラーはそれを共感しながら見守り、さらにクライエントの気持ちを見通すことで、このカウンセリングを成功させています。

このカウンセリングでロジャーズは、クライエントについての情報は全く持っていません。この場ではじめて出会った人です。カウンセリングは、その時の人間関係ですから、さまざまな条件に支配され、あたかも、生き物のようにその場その場で姿を変えて展開されます。どのような展開がなされてもいい。これまで述べたカウンセリングの基礎をしっかりと認識した上でなら、ほとんどのカウンセリングは成功するはずです。

一般的にカウンセリングの流れは次のように展開していきます。

受容（カウンセラー）↓肯定感が生まれる↓自己理解・自己受容↓洞察↓肯定行動↓成長する・統合する↓終結の気持ちが現れる

11　ノンバーバルコミュニケーションの重要性

傾聴は言葉を中心としたコミュニケーションですが、傾聴の場では、聴き手は言葉以外（ノンバーバル）の情報を相手に伝えています。マーラビアンによると、表情が55％、音声が37％、会話内容が7％と普通の会話において相手に伝わるものは、そのようなノンバーバルの情報の方が多いそうです。そこでノンバーバルの情報にはどのようなものがあり、どんなことに注意すべきかについて考えてみます。

ノンバーバルな情報源となるものには、見かけなど視覚的なもの、耳から入る聴覚的なものがあります。

◯ 視覚からの情報

服装、髪型、化粧、視線、表情、動作（ものごし、スキンシップ、身振り・手振り）、態度（姿勢）などです。

服装

服装は、普通で派手すぎないのがよいと思いますが、著者は老人施設へ行く時は、色がはっきりした明るめのものを着ていくように努めています。高齢者の視力は弱ってきていて見えにくいためです。明るめのはっきりした色は、自分でも、なんとなくウキウキして楽しいものですが「そのセーターいい色だね」とか「お姉さん」などと呼ばれて嬉しくなったりもしています。高齢者も同じように感じるようです。それから高齢者は、ちょっとしたことで身体のバランスを崩して転んだりすることがあるので、緊急の時を考えて動きにくい服装やスカートは避けて、必ずズボンにします。傾聴する人は身体介護や移動は原則としてしないのですが、自分が動く時にも何かにひっかかり、よろけたりして高齢者を巻き添えにすることがあるからです。

上履き用の運動靴も必要です。以前、話し中に急に立ちあがり、玄関の方へ飛び出して行った人がいました。そんな時の動作はとても機敏で止めることができません。どんな時にでも対応できるように心がけることも必要です。

行事がある時は、行事（たとえばクリスマス会、お誕生会、種々のイベントなど）に合わせた服装がよいと思います。そのような時には利用者と傾聴する人との距離が近くなり、親しみがグッと増します。最近では、そのような機会に利用者もおしゃれして部屋から出てくるようになりました。

髪型

普通でよいのですが、長い髪の場合は顔を覆ってしまって、横から顔が見えないことがあります。適度に束ねたりする必要があるでしょう。脇から顔が見えないと、拒否的なイメージを与えます。

化粧

適度な化粧は、よい印象を与えます。最近、高齢者も化粧をする人が多くなりました。化粧は高齢者にエネルギーを与えます。生き生き感、やる気などが化粧することにより生まれ、また自尊感情なども化粧することにより高められます。そのような意味で、傾聴する人にもほどよい化粧を勧めます。高齢者もきれいに化粧された傾聴者の顔から影響を受け「自分もやってみようかな」という気持ちになるかもしれません。たまに口紅などさして参加してきた高齢者がいたら「ステキですね。よく似合いますよ」とほめると相手の人はきっと嬉しいでしょう。

ちょっとほめられたことで、さらに自分の身の回りにも配慮できるようになり、生きがいが生まれてくるでしょう。マニキュアなどもさっと見つけて「きれいですね。おしゃれですね」など、言葉をかけてみるとよいですね。そのような気づきがとても大事です。私たちも何気ない服装を「色がステキ」などと言われて、その日、1日、何とはなしに嬉しくすごした経験を持っていますね。

視線

自分の視線などは普段は全く意識しませんが「目が笑っている」、「目が怒っている」などと言います。目も話ができるのかもしれません。視線は意識してなおせることと思います。目つきが鋭いとか、目が厳しいとか日常の中でよく言われます。意識して視線を穏やかにやさしく、と心がけていればよい方に変わりそうな気がします。傾聴する時は、視線は相手の顔全体を見るようにするとうまくいくようです。穏やかにゆったりとした気持ちになれば視線も自然とそのようになるに違いありません。

表情

偶然、施設で高齢者とすごしている時の普通の状態を、写真に撮られたことがあります。それを見ると自分で考えているのとはかなり違って、どうしてあんな表情をしているのだろうと思うほど厳しい表情でした。普通の時の顔を、写真に撮るような機会があると、いつも表情にも気をつけることができ自然によい表情が保たれるのかもしれません。また感情がすぐに顔に表れる人とそうでない人とがいます。顔からその人の心の状態が読み取れるとしたら、感情を顔に表す人はそれだけ率直で素直なのでしょう。

もちろん、どちらがよいとも言えませんが、傾聴などの時はやはり感情をある程度コントロールして、人によい印象を与える訓練が必要だと思います。そもそも、自分の心の状態がよくなければよい表情にはならないと思いますから、自分の心の状態を安定に保つことがまず大事かもしれません。

動作・ものごし

ゆっくりした動作で慌てずに、話し手の動作にできるだけ合わせるようにします。呼吸を合わせる、と言いますが、高齢者と話す時は、高齢者の息遣いに合わせてみるのもよいでしょう。呼吸を合わせると自然と動作もゆっくりになります。また必要な時は待つことも大切です。話し出すまで待つ、というのもそのひとつです。高齢者は皆スローテンポです。その流れにのった動きが大事です。

○ 聴覚からの情報

声、話のスピード、明確さ、言葉づかいなど聴覚からの情報について見てみます。

声

高齢者は聴力が落ちています。聞こえにくい人が多いので、なるべく近くで話します。聞こえない人には耳元で話す必要があります。高い音は聞きづらいので、甲高い声で遠くから名前を呼んでも聞こえない人が多いようです。近くへ寄って普通の声で話しましょう。しかし、誰でもが聞こえないというわけではないのでどの程度の聴力があるか、最初の面接で注意して把握しておくとよいでしょう。
以前、自分の声を録音して、自分の話し方、声の調子などについて再認識したことがあります。自分の声、しゃべり方も、分かっているようで、実際には分かっていないのだとつくづく思いました。自分の話し方については、時々テープなどにとって聞いてみるとよく分かります。

スピード

ゆっくり、丁寧が基本です。必要に応じて繰り返しが必要です。

明確さ

はっきりと言うことが大事です。「聞こえ」に特別な問題がない人でも高齢になると「聞こえ」の能力は落ちてくるのですから、できるだけ分かりやすく、はっきりと話す習慣をつけておくとよいと思います。ゆっくり、明確にということが大切です。こみいった説明はやめて、結論をはっきり伝えることが大事です。

言葉づかい

丁寧すぎず普通の言葉で、また必要に応じて敬語も使いましょう。あるとき、大きな声でどなっている高齢者がいたのでまねをして、「そんなに大きな声を出さなくても分かるぞ」

と言ったら「もっと丁寧な言葉で言えるでしょ。分かるぞ、なんて言わないでほしい」と注意されました。本当にそうです。自分の言葉を人にまねられると分かるのです。言葉は日常使っていると自然に出てきますので、普段の言葉づかいが大事です。

○触覚からの情報

スキンシップ

一般的に、言葉だけでなく歌を歌う時などに肩に手を触れてリズムを取ったりすると、親近感が伝わるようですが、誰にでも通じることではありません。相手の様子をよく見て試してください。重度の人で言語によるコミュニケーションが取れない時は、スキンシップが有効な働きをする時があります。

ノンバーバルなコミュニケーションで重要なのは対象者、場所、時間などを配慮してそれに合わせることです。いつも同じでなくても、場の雰囲気や相手にふさわしければよいと思います。基本的に相手に合わせるという姿勢が大切です。

12　傾聴の準備

施設では実際にどのように傾聴が実施されるのでしょうか。傾聴は新しい試みです。施設により、対応の仕方も違いますし、利用者の状況もまちまちです。それ故、臨機応変に実施することが基本となります。そして利用者に慣れ、自由な交流ができて関係が深まるまでには時間が必要です。したがって、すぐに効果があがらないからと数回でやめてしまうのではなく、ゆっくり、長く実施しましょう。幸い、施設では多くの人間関係がありますから、自分のちょっとした失敗はあまり気にとめなくてもよいと思います。どんな時でも、カウンセリングの基本的な理論を頭において誠意を示せば次第によい傾聴ができるようになります。

◯傾聴の場所

一般的なカウンセリングの場合、相談室など場所は常に決まっていますが、施設訪問による傾聴では、施設のホール、居室、時には散歩中などで、一定の面接室で実施することはむしろ少ないでしょう。一定の場面設定は理解した上で、実際には臨機応変に場所を設定すると同時に、どんな場でも対応する心の準備が必要です。散歩、おしぼりづくりなど、なにか作業をしながらの方が話が続き、楽しく会話できることもあります。しかし、かなり深い話である時、話し手が深刻に悩んでいる時などは、静かな相談室などで行った方がよいと思います。

○ 場面構成

座る位置

真正面に座らず横に並ぶ、または直角の2辺に座るなど、視線を相手からずらすような位置に座ります。そうすると、相手が疲れません。正面に座ると視線の逃げ場がなく、緊張感が高まります。どんな場所でも、視線をちょっとずらした位置に座る方がいいでしょう。**図2**の(a)、(b)、(c)のような3種類の座り方が考えられます。

時間

カウンセリングの場合、一般的に要する時間は50分から1時間です。傾聴の場合、話の内容、話し手の体調などにより異な

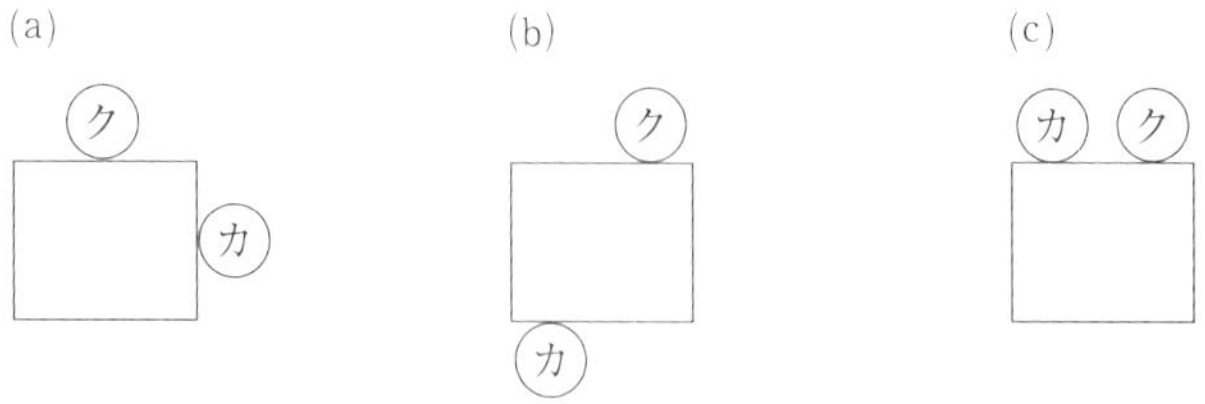

図2　座る位置

りますが、高齢者の傾聴の場合、長くて30分位がよいと思います。もっと長くなる時は、2回にわけけた方がよいと思います。

初対面の人間関係

あいさつ、自己紹介を気軽にしましょう。はじめに、自分からします。著者は何年も訪問している施設がありますが、毎回、自己紹介からはじめます。顔は覚えてくれていても、名前までは覚えられないからです。ほとんどの人は自身でも自己紹介をしてくれます。傾聴の主旨なども簡単に説明するとよいでしょう。「ここで話されたことは、他では話しません し、秘密は守りますので気にしないで何でも話してください」と伝えてください。自己紹介の後は、天気とか季節に関することなど気軽な話からはじめます。こちらから積極的に話しかけていくことです。話のきっかけづくりのために、折り紙などちょっとしたものを持っていくのもよいかもしれません。話し手が話す気持ちになっていなければなりませんので、導入が大事です。

重度の人にも同じように配慮して心理的な場面設定をした方がよいと思います。相手も慣れてくると、傾聴の人の役割など結構理解してくれますのであまり心配はいりません。そのうちに、だんだん打ち解けてきます。一般的な話題、食べ物の好き嫌い、若い頃やっていた趣味、スポーツなど、いくらでも話題は出てきます。はじめての会話では、あまり欲張らずにその程度にしておくべきです。別れ際に「また来てください」とか「もう帰るんですか」などと言われたらその面接は大成功です。次回は、もう1度自己紹介からはじめたにしても、どこかで記憶に残っていて「どこかで会いましたね！」とか「ステキなブラウス着ていますね」などとほめ言葉をもらったら、あなたとの関係が築けたということです。こうして週に1回程度の面接を続けていくうちに、傾聴はしっかりできるようになります。

○ 傾聴実施中での対応

傾聴が成立しないような状況になった場合は、無理して続けず、中断した方がよい場合があることを頭に入れておきましょう。

たとえば、対象者が興奮して怒り出してしまった場合、不安定になってしまった場合などです。また施設においては、対象者に来客があることもあります。また、相手の体調が悪い時は当然キャンセルします。

複数の人との会話

はじめは何人の人が集まってくるか分かりません。このような場合、数人の人と一緒に雑談風に自由なおしゃべりからはじめてもよいと思います。数人の中では、何を話したらよいのか分からなくなってしまう、という話をよく聞きます。分からない時には、あせらずに季節、天気、好きな食べ物、趣味など一般的な話題から入ればよいのです。そのうちに対象者が１人にしぼられてきます。

職員の理解

施設によって傾聴の状況は異なります。職員がよく理解してくれる施設では気持ちよく面接ができます。不思議なことに面接や実習が気持ちよくできた施設では、入居者の表情が明るく安心した状態です。つまり施設の内容がよくて充実していると言えるのです。

職員に理解してもらうために、事前にしっかりとした打ち合わせをすることが大事です。傾聴の仕事の内容、目的もしっかり伝えておくことが大切です。

傾聴以外の仕事

傾聴をよく理解しない職員や受け入れ態勢ができていない施設では、食事の配膳、掃除を頼まれたというようなことを聞きますが、その場で許容できる程度であればやりますし、そうでない場合は断る以外ありません。しかし、洗濯物たたみを頼まれて利用者と一緒にやりながら傾聴ができたということも聞きますし、軽度の人の散歩も職員と一緒なら傾聴することが可能です。受け入れてくれる施設によって配慮はしてくれるものの、傾聴への配慮が行き届いているとは限りませんので臨機応変に対応しながら、目的である傾聴を機会を捉えて実践することが大切です。きちんといすに座って、座る位置も考えてというのはあくまで基本であって、むしろ、なにかをしながらの方が話題が弾むこともあるわけです。

ただし、気をつけないといけないのは、トイレ介助、移動、食事介助などの専門性の高い活動です。これらの活動は、専門の人に依頼すべきです。不適切な介助が事故につながるようなこともありますので、そのような介助はしない方がよいと思います。

○ロールプレイ体験から得たもの

傾聴講座で実習にそなえてロールプレイを実施し、全員が何回か話し手と聴き手体験をしました。実際の場面ではないのですが、かなりいろいろなことが学べたようです。以下に体験者の感想のいくつかをあげてみます。

話し手体験

・架空でない話題ということだったので、家族との関係を話題にしました。聴き手の人がいい具合にあいづちを入れてくれるので気分がよく、スラスラと言葉が出ました。はじめは愚痴のようなことでしたが次第に本当に話したいことを話しました。ほんの数分でしたが、余計な助言や反論もせず聴いてもらえるのは本当に気分のいいものだと思いました。

・私の役割は話し手でした。聴いてくれる人がいると思うと、思わず本当の悩みごとを言いたい気持ちになり、それはここではふさわしくないと思い、とても困ってしまいました。その時のことを考えると実際の場面で、はじめに「ここで話したことは他では絶対にしゃべりません」という守秘義務のことを話すこと、自己紹介、座る位置の工夫などが大事なことだと思いました。

・聴き手になるより、話し手になる方が抵抗があるように思えた。自分のことを話すことに慣れていないからか、自分のことをよく知らない人に話すことに抵抗があるのか、どちらかだろうかと思った。聴き手が話し手に関心を持って聴いてくれると、どんどん話したい気分になった。座り方は大事だと思った。

・聴き手は、心の目を開き背景にある心理を思いやり、きちんと受け止めていることを伝えることで話し手の不安を落ち着け、聴いてもらっている感じを高めると思う。

・聴き手の態度が大事である。自己紹介、あいさつなど、はじめの仕切りが大事だと思いました。

・聴き手が熱心に聞いてくれるとよく話せる。

・間があくと何か話さなければ、と思ってしまう。

コメント

これは練習なのだと分かっていても、実際にロールプレイをしてみると、ほんのちょっとした時間でも自然に本音が出て、熱心に聴いてもらえるとすっきりとした体験が得られます。話し手の役割をすることで、聴き手のあり方もよく分かるものです。話し手に「傾聴である」という意識をはっきり持ってもらうために、はじめのあいさつが大事なことも分かります。一種の仕切りのようなものと思います。
ロールプレイで話し手になり、自分のことを話すことの難しさ、躊躇などを感じた、その体験が、聴き手になった時に役立ちます。また、自己開示が苦手な人は克服するためのよい機会にもなります。

聴き手体験

・ゆっくり時間をかけて話の趣旨をまとめてあげることが重要だと思った。
・人の役に立ちたい、といった欲求が強すぎると、どうしても話し手が喜ぶような面接になってしまう。
・自分の思いや考えを横において、話し手の気持ちにそって聴くことの難しさをあらためて感じた。間を取ることが難しく、言葉が切れるとなにか話をしなければ、という思いに動かされて、対象者の内省する気持ちをこわしてしまったようだ。話し手と一緒に時間を共有できるようになれるとよいと思う。話し手の気持ちを受け止めるのでなく、話の事柄を追っている自分に気づいた。
・自分を見つめなおす機会になった。
・話し手から投げかけられた問いに、自分の意見や解決方法を提示してしまった。その前に話し手がどのように感じたのか問い返すべきであった。そして、出てきたことについて確認し、話し手から解決方法を導き出せばよかった。
・ロールプレイの重要性を実習の時に自覚した。
・研修を受けるほど難しい、という思いが増してきた。

コメント

ロールプレイで皆さん種々のことを学んだようです。ここで体験した人の話は、皆もっともなことと思います。人の役に立ちたい、という気持ちは特にボランティアをする人には強いのですが、その気持ちが必ずしもクライエントによい方向にはいかない、ということは重要なことです。話し手が自分で主体的に動けるような援助が必要なのですね。聴き手は終始、脇役なのです。しかし、自分の生き方、考え方を脇におくことは結構難しいのです。人は皆、主体的に自分中心で生きていますから、他者の眼で見たり、聞いたり、感じたりすることには努力が必要なのですね。その難しさをここで体験できています。

実際、聴き手は、やってみると難しいものです。だいぶ慣れてきても聴く訓練は何回もした方がいいですね。なかなかこれでいい、と思える体験はできないものです。実際の傾聴でも同じです。終わった後でいろいろと後悔することも多いし、しかも傾聴は1回ごとが新たな体験で、同じ傾聴はできません。そこで、傾聴をする度に反省することが必要になります。その繰り返しをしていくことで、次第に前よりはよくなってきたかな、と思えるようになるのです。

13　傾聴の倫理

ここで傾聴における倫理について考えましょう。傾聴では、カウンセリングほど専門的な話や秘密について語られることは少ないと思いますが、話を聴いた責任は伴います。近所の軽い井戸端会議や立ち話でも人から人へ伝わり、とんでもない発展をすることがあります。決してそんなつもりで言ったのではないと後悔しても、取り返しがつかなくなることもあるでしょう。施設の中でも対人関係は難しいし、言った、言わないは大きな問題となります。そのために施設を退所しなければならなくなった、などという話も聞いたことがあります。

自分の話を聴いてもらいたい、悩みを理解してもらいたいと思う人は、本当に自分を理解し、悩みを分かってもらうことはもちろんのこと、責任を持って相談にのってくれる人、秘密を守ってくれる人に相談したいと思います。傾聴は一般的な関係とは違います。カウンセリングでは、クライエントはカウンセラーを信頼し、問題解決の力になってくれる人と考えて話します。傾聴においても同様です。したがって傾聴する人は、そのような信頼を裏切らず、秘密を守り、話し手の人権を尊重し、話し手の力になる必要があります。そのために、傾聴における倫理が必要となります。ここでは、日本臨床心理士会倫理綱領などを参考にして、傾聴においても必要と思われる倫理について述べたいと思います。

○秘密保持

傾聴で知り得た話し手の個人情報や相談内容は他にもらしてはいけません。しかし、秘密を保持することにより、人の命に関わるとか、重大な問題に発展する恐れのある時は、一概に秘密を保持できません。その時の状態によって解決方法は違いますが、しかるべき人に相談にするように勧めるとか、または一緒に相談についていくなど、解決の方法はいろいろあると思います。簡単に秘密保持ができない状況もあることに留意する必要があります。

○情報開示

個人情報および相談内容は話し手の同意なしで他者に開示してはいけません。しかし、施設長や介護者などに伝えた方がよい場合については、そのことを話し手に伝える必要があります。

また、個人情報や相談内容が外部にもれないように、記録の管理保管には最大限の注意を払う必要があります。

◯ 対象者と個人的関係を持たない

傾聴の場以外で会うこと、金品の授受、贈答および交換などを慎むこと、自分の個人的情報についての過度の開示などを慎むこと、話し手や関係者と物品の購入などによる利害関係を持たないことなどです。

◯ 基本的人権を尊重する

人を差別しない、嫌がらせをしない、価値観を押しつけないなど、基本的人権の尊重は、誰しも頭の中では分かっていることです。しかし、無意識に踏みにじることがあります。たとえば、老人施設に慣れてくると、つい親しさが増してきて、あたかも親族であるような言葉で呼びかけたりして、言葉づかいが傾聴の関係を越えたりすることがあります。敬語を使うと、なんとなく他人行儀で心理的に距離感があるからです。高齢者は一般的にやさしく、受容的なので、無意識のうちに言動が逸脱することがないよう、気をつけなければなりません。

○対象者のプライバシーを尊重し、その自己決定を重んじる

高齢者の判断力を軽視して、親切の押し売りをしていることに気づかない場合もあります。良かれと思って相手の思いを聴かずにやってあげてしまうことですが、高齢者でも自分の考えをしっかり持っている人は多いのです。それ故、本人の選択する機会を奪ってはいけないと思います。認知症で何もできないと思っていた人が、文章が書けて自己主張ができることが分かり、驚いたことがありました。自分で選択できるように小さなことでも意思を確認することが大事です。

○自分について十分自覚した上で、傾聴を行う

傾聴し、相手を受容することができる人は、自分についてよく知っている人です。自分を知る、ということは簡単なようでなかなか難しいものです。人はいろいろ失敗しますが、その大部分は自己を知らないことが原因で起きています。失敗は何歳になってもあるわけですから、人は一生、自分について十分知らないで終わってしまうのかもしれません。しかし、どのような時に失敗しやすいか、どのような問題に弱いかなどは理解しておくようにすることが大事です。また自分に葛藤がある場合、人の話を聴けません。聴けたとしても偏って聴

いてしまうことも多いということを自覚することが大事です。自分と同じ問題を話し手が持っているような場合には同調しやすくなることにも気をつけるべきです。

傾聴する人は心身の健康のバランスを保つとともに、自分自身の個人的な問題が傾聴に影響しやすいことを自覚し、自分の状態を注意深く把握することが大事です。

◎傾聴の仕事の範囲と限界を認識して行動する

現在、傾聴は専門家によるものとは考えられていませんが、実際に実施している内容は専門家に近いものもあります。それ故、傾聴する者として、傾聴の仕事の範囲と限界を認識して行動すべきです。そして、自分自身の知識や技術の範囲と限界について深い理解と自覚を持ち、さらに自分自身を高める必要があります。

参考文献

伊東博（1995）『カウンセリング』誠信書房

氏原寛・東山紘久（1992）『カウンセリング初歩』ミネルヴァ書房

氏原寛（1995）『カウンセリングはなぜ効くのか』創元社

氏原寛（2000）『カウンセリングの枠組み』ミネルヴァ書房

長田久雄（2008）『心ふれあう「傾聴」のすすめ』河出書房新社

河合隼雄（1985）『カウンセリングを語る』創元社
瀧本孝雄・坂本進編著（2005）『カウンセリング基本図書ガイドブック』ブレーン出版
瀧本孝雄（2006）『カウンセリングへの招待』サイエンス社
東山紘久（2000）『プロカウンセラーの聞く技術』創元社
ホールファミリーケア協会編（2004）『傾聴ボランティアのすすめ』三省堂
メンタルケア協会編著（2006）『対話で心をケアするスペシャリスト〈精神対話士〉の人の話を「聴く」技術』宝島社
吉武光世・久富節子（2001）『じょうずに聴いてじょうずに話そう』学文社

引用文献

東山紘久編著（2000）『来談者中心療法』ミネルヴァ書房
平木典子・沢崎達夫・土沼雅子編著（2002）『カウンセラーのためのアサーション』金子書房
松原達哉（2006）『カウンセラーの倫理』金子書房
村山正治（2005）『ロジャースをめぐって』金剛出版
諸富祥彦（1997）『カール・ロジャーズ入門』星雲社
諸富祥彦（2004）『生きがい発見の心理学』新潮社
渡辺三枝子（2002）『カウンセリング心理学』ナカニシヤ出版

ロジャーズの翻訳　引用文献

佐治守夫編・友田不二男編（１９６６）『カウンセリング（ロージァズ全集・第２巻）』岩崎学術出版社

伊東博編訳（１９６６）『サイコセラピィの過程（ロージァズ全集・第４巻）』岩崎学術出版社

伊東博編訳（１９６７）『パースナリティ理論（ロージァズ全集・第８巻）』岩崎学術出版社

友田不二男編・児玉享子訳（１９６７）『カウンセリングの技術（ロージァズ全集・第９巻）』岩崎学術出版社

友田不二男編訳（１９６７）『カウンセリングの立場（ロージァズ全集・第11巻）』岩崎学術出版社

村山正治編訳（１９６７）『人間論（ロージァズ全集・第12巻）』岩崎学術出版社

友田不二男編訳（１９６８）『カウンセリングの訓練（ロージァズ全集・第16巻）』岩崎学術出版社

ロジャーズ著　Ｈ・カーシェンバウム／Ｖ・Ｌ・ヘンダーソン編　伊東博・村山正治監訳（２００１）『ロジャーズ選集（上）』誠信書房

ロジャーズ著　Ｈ・カーシェンバウム／Ｖ・Ｌ・ヘンダーソン編　伊東博・村山正治監訳（２００１）『ロジャーズ選集（下）』誠信書房

Ｃ・Ｒ・ロジャーズ著　末武康弘・保坂亨・諸富祥彦共訳（２００５）『カウンセリングと心理療法（ロジャーズ主要著作集・１）』岩崎学術出版社

Ｃ・Ｒ・ロジャーズ著　保坂亨・諸富祥彦・末武康弘共訳（２００５）『クライアント中心療法（ロジャーズ主要著作集・２）』岩崎学術出版社

Ｃ・Ｒ・ロジャーズ著　諸富祥彦・末武康弘・保坂亨共訳（２００５）『ロジャーズが語る自己実現の道（ロジャーズ主要著作集・３）』岩崎学術出版社

第2章　高齢者への理解

高齢者の傾聴をする際には、高齢者を理解している必要があります。そこで、まず老化の概念について考えます。さらに高齢者の全般的な姿を理解するために記憶、知能、環境を捉える能力、性格、生き方などについて触れます。記憶、知能については、新たなデータが報告されていますのでそのことを述べます。最後に、傾聴活動を行っていく際に理解しておいた方がよい高齢者の病気の中で、精神的な疾患について簡単に説明します。

1　老化の概念

○　老化とはなにか

現代は科学が進歩したと言われていますが、どうして老化するのか、についてはまだよく分かっていないようです。今堀（2000）は『老化とは何か』で1つの仮定として「『老化』というのは体外の時間ではなく、体内の時間が進んでゆくことに違いないと考えました。すなわち体内にそれぞれの生物固有の時計があり、これで計測される時間が進むのです。〔中略〕体内ではエントロピーの増大を防ごうとする制御機構が働いている〔中略〕。高齢になると、この制御機構が劣化し、エントロピー増大が急に進行するようになる」というような内容を述べています。老化とはなにか、が本当に分かれば老化予防も可能になるのでしょう。しかしながら、実際のところ老化について分かっていることは少なく、今後の研究が期待されるところです。

心理学では、長い間、老人は対象外とされてきました。寿命が短く、老人が少なかったことに加え、老人自体が表面に出て問題になるようなことはなく、ことさら研究の対象とする必要がなかったのでしょう。したがって、老化についての心理学的研究も少ないのです。

最近になって寿命が延び、社会全体が高齢化したことにより、老人は社会における大きな関心事になってきました。老人を語らずして、これからの社会は考えられなくなってきました。当然、心理学においても老人が研究の対象とされてきましたが、まだ研究者も少なく老人の心理学における知見は少ないのが現状です。老人の心理学的研究はこれからの発展が期待されるところです。

◎生涯発達の捉え方

長い間、人間の一生について考える発達心理学においてさえ、青年期までを対象としてきました。発達を体重・身長のように量的に増加するもの、また、脳の発達のように質的にも向上するものとして捉えていたからです。つまり、発達を成長と捉えていたのです。そして成長が終わった段階で発達心理学も終わっています。

しかし、最近は人間の発達について、成長期ばかりではなく人生の全体を対象とし、発達を必ずしも量が増えたり、質が向上したりすることではなく、それらが変化することとして捉えています。身長、体重の減少、脳機能の衰えなども発達のひとつとし、発達を「受精から死まで」と考えます。

このように変化したのは、世界的に老人人口が増加し、高齢化によるさまざまな問題が発生したことなどにより高齢者の存在が大きくなったからと言えます。現在では、高齢者の医療および福祉が社会的な問題となり、解決を迫られています。また、個人レベルでも寿命が延びたことにより、長い老年期のすごし方が切実な問題となってきました。

◯ ライフサイクルの考え方

心理学において、人生全体を視野に入れて、まとめてライフサイクルとして捉える考え方は、ユング（1875―1961）、エリクソン（1902―1994）などの精神分析学派からはじまりました。ユングは、中年期以降の心理について、40代を人生の正午、50代〜60代を人生の午後3時と表現し、中年期以降の人生は、体は衰えるが精神的内面が豊かに充実し、個性化が実現できる、と述べています。さらに人生の折り返し点として中年を考え、そ

表１　８段階の目標とその危機

	心理・社会的危機	基本的強さ	中核的病理・基本的な不協和傾向
Ⅰ乳児期	基本的信頼 対 基本的不信	希望	引きこもり
Ⅱ幼児期初期	自律性 対 恥と疑惑	意志	強迫
Ⅲ遊戯期	自発性 対 罪悪感	目的	制止
Ⅳ学童期	勤勉性 対 劣等感	適格	不活発
Ⅴ青年期	同一性確立 対 同一性混乱	忠誠	役割拒否
Ⅵ前成人期	親密性 対 孤立	愛	排他性
Ⅶ成人期	生殖性 対 停滞	世話	拒否性
Ⅷ老年期	統合 対 絶望	英知	侮蔑

E・H・エリクソン／J・H・エリクソン　村瀬孝雄・近藤邦夫訳（2001）『ライフサイクル・その完結』みすず書房　図式１より著者が一部省略

れ以後に人生の結実がある、と後半の人生の重要性を述べています。確かに現在のように長い一生を考えると、後半の人生こそが重要なのかもしれません。

エリクソンは、人は生物学的な身体の発達だけではなく、他者との交流による社会的影響を受けて発達すると述べ、人間の成長を社会的視点を含めて考えています。

彼は人の一生を８つの段階に分け、本格的にライフサイクルとしての人生を考えた人です。そして各発達段階に到達すべき目標を考えました。もし健康で順調に発達するならば、この目標を達成できますが、失敗した場合、その目標とは逆の危機に陥ると述べています。８段階の目標とその危機を**表１**に示します。この表の「〜対〜」の対には「〜とその逆の〜」という意味が込められています。

老年期について見ましょう。エリクソンは８段階の老年期を「統合　対　絶望」と表現しました。そして「基本的強さ」に英知をあげています。彼は、老年期に結実する最後の強さとして、英知と統合という言葉を選んだと述べています。英知は現実の世界を見たり聞いたりして理解し、何を見て何を聞くべきかについて的確な指針を持ち、個々人、および社会にとって重要なもの、長続きするもの、役に立つものに能力を集中させること、と述べています。

統合は、語源が「触覚」で、「触れ合い」、「触覚の」、「触知できる」、などの派生語があり、触れ合うことを意味していると言います。統合は物との触れ合い、他者との触れ合い、世界との触れ合いを促進します。私たちは「触れ合い」なしには生活できないし、成長もできません。一日一日をよりよく生きるために、生活の細部に地道な注意を払いながら、大小の活動を日々こなしていきます。そして、それらは結び付いてひとつの具体的な形になります。それが統合です。つまり、これまでの人生を自分なりに統合し、受け入れ、これからの人生を考えることが、ここで言う統合の意味と言えます。

J・M・エリクソン（エリクソン夫人）はさらに9段階目の老年的超越性を提唱しています。エリクソンと生涯をともにした彼女は、なぜ9段階目を考えたかについて、次のように述べています。「90歳になって、まったく違う状況が訪れた。以前であれば、どのような老年期の兆候に出会ってもゲーム気分で軽くかわしていたのだが、私たちは間もなく、かわすことのできない不快な現実に向き合い始めることになった。〔中略〕90歳になって、目の前に見える光景は変化した。先の見通しは狭まり、そして不明瞭になった。死の扉〔中略〕が、今や、すぐそこにあるように思えるものとなった。〔中略〕エリックが91歳になった時、私たち夫婦は結婚64年目を迎えた。彼は〔中略〕第一線を退き、澄み切った心境で引退した。気持ちが塞いだりうろたえたりすることもなく、介護の人たちの言うことにきちんと従い、彼らに深い感謝の気持ちを向けていた。」（E・H・エリクソン：２００１）

人は、最後の80代、90代になると心身の衰弱や人生における絶望から逃れられなくなります。しかし、それらを受容できれば、老年的超越性に向かうことができます。老年的超越性とは、物質的・合理的な視点から、より神秘的、超越的な視点への移行です。つまり日常的、現実的な視点から、より精神的、神秘的な境地へ移行することです。それに伴って、物質的な関心は少なくなり、精神的な関心が深まり、瞑想を体験するようになる、と言います。老年的超越に達した個人は、宇宙との神秘的交信という新たな感情を体験し、時間と空間、生と死についても体験しなおすと、J・M・エリクソンは言います。

最近の研究（富澤：２００８）において、宇宙的超越は加齢と関係し、確かに第９段階の超高齢者に多かったと結論づけています。この時の「宇宙的超越」の内容というのは①亡くなった両親への愛情が増す、②過去の出来事が最近のように感じられる、③離れた兄弟を近くに感じる、この３項目でした。これらの現実を超越した感じは、90代の超高齢者ほど、強く感じられたということです。

エリクソンの言う老年期は、人生の総まとめの時であり、一生を振り返ってそれなりに評価し、現状を受け止め、英知を生きる時期を指すと思います。さらにそれを越えた年代では、人の境地を超え、宇宙的な視野を持ち、現実の死を受け入れていくと言うのです。老年期以降は、心身は衰えるものの、若い頃にはなかった精神的な能力が出現するのです。

エリクソンのライフサイクルについての考え方は、心理、社会性を含めて考えられ、さらに自己の体験も基本にしているので、高齢期の生き方を考える時に参考になると思います。一方、ライフサイクルに対する考え方には、現代人の生き方には多様性があり、簡単にこのような段階に分けられない、エリクソンの時代に考えたことを今の時代に当てはめられない、などといった反論もあります。

◯ いつから老年期か

WHO（世界保健機関）では65歳以上を老人と言うと定義しています。ニューガーテン（1916〜2001：アメリカの老年心理学の先駆者）は、老年期を65歳以上75歳未満の高齢前期と75歳以上の高齢後期、85歳以上を超高齢期に分けることを提唱しました。しかし、今日もこのような段階に区分できるかどうかについては、かなり疑問です。平均寿命が延びたことや個人差の著しい老年期における変化は、時代とともに様相が大きく変化しています。それ故、旧来のように、年齢などで一律に老年期を区切り、その段階での人々のすごし方を一般的見地から述べることはかなり困難なことだと思われます。

ニューガーテンが考えた高齢前期は、家族や社会的責任から開放され、健康でありさえすれば、比較的元気で、仕事も続けられ、社会的にも活躍でき、余暇に対しても自由に選択でき、生涯の中で充実した日々をすごせる時です。日本の社会でも定年年齢が延長されてきています。これらの点を踏まえると65歳以上を老年期としたことを修正しなければならないかもしれません。

超高齢とされた85歳以上の人々も年々増え続け、わが国の100歳を迎えた人は、2012年9月現在で5万人を越えています。これまで考えられていたような、ネガティブな高齢者に対する意識も実態と食い違ってきています。今、老年期そのものについての認識を変える必要があります。

◯ 老年期の捉え方

かつては老年期を人生の終末、心身の衰退の時期と捉え、ケアの対象であり、社会のお荷物として捉える立場からの見方が多かったように思います。そして近年、この時期の人々を介護保険では賄いきれなくなってきたという現実が出てきました。そのために高齢者が介護対象にならないための施策として、介護予防が提唱されてきました。確かに、財政面からの老年期の考え方は切実と言えますし、介護予防は個人的、社会的見地から重要なことです。しかし、介護予防を考えるなら、老年期を生きる人々自身の発言や生き方を中心にした高齢者の生きがいを支えるような施策や理念が尊重されてもよいと思います。

老年期をケアの側面からばかりではなく、生産性を伴った側面からも考えることを積極的にするべきと思います。たとえば、老年期を人生の実りの時期と捉え、その長い人生で得た体験を英知として社会に還元してもらう、という見方をすれば、若い人々や中年期の人々にとって高齢者の生き方は、自分と引き合わせて人生を見直すきっかけとなり、参考になるところは多いでしょう。その意味では生産的でもあります。ケアの対象であるとしても高齢者は「消費する人」と一般に言い切れません。ケアそのものも違って見えてくると思います。発想を転換させるだけでも高齢者の生き方は変わってきます。

一方、元気な人を一律に年齢で区切るのではなく、働ける力と意欲を持った人には多様な仕事を提供できるシステムがあれば、高齢者にとってはどんなにか励みになるでしょう。実際、老人施設にはちょっとした役割を与えられて喜んでいる人は多いのです。歳を重ねるということは、マイナス面ばかりではないことを意識するだけでも後半の人生は変わってきます。衰弱や死をも視野に入れながらポジティブに生きる方向を模索するのは、今、高齢者である人たちの大きな課題です。

2　高齢者の記憶

◯　記憶について

記憶は脳機能と密接に結び付き、知能を支える要素です。そして心身の状態や加齢の影響を受けます。記憶に関する研究は進んできているとは言え、未知の部分が多いのが現状です。ここで、高齢者理解のために必要な記憶の知識について簡単に述べたいと思います。

まず記憶機能について述べましょう。記憶には3段階（①覚える〔記銘〕→②覚えておく〔保持〕→③思い出す〔想起〕）があります。

◯　記憶の分類と内容

記憶には、①感覚記憶、②短期記憶、③長期記憶の3種類があります。

感覚記憶

感覚器官（眼、耳、鼻、皮膚、舌など）から入ってきた情報をほんの数秒だけ保持し、記憶にとどめます。その中で注意を向けられた情報が、もう少し長く保持されます。それが短期記憶です。一方、注意を向けられない記憶はそのまま消えてしまいます。

短期記憶

短期記憶は、数十秒程度保持します。この短期記憶の情報量は限界があり、７±２と言われています。つまり５～９つ程度の記憶ができる、ということです。たとえば１回言った数字を記憶できるのは、５～７桁です。短期記憶は数十秒で消えてしまいますが、繰り返し反復することにより長期記憶として残されます。一般的な短期記憶でも年齢による低下は認められます。短期記憶には、短期間情報を記憶しておくだけでなく、その記憶しておいた情報に基づいて、同時になにかの作業を行うという一面もあるため、作動記憶と呼ばれることがあります。作動記憶は短期記憶の中でワーキングメモリーとも呼ばれ、記憶すると同時に課題を実行します。たとえば、数字の逆唱などです。「５１４７９」という数字を逆唱するには、数字を記憶しながら同時に数列を逆にする作業もしなければなりません。作動記憶には種々のものがあります。あることを記憶して他の課題を行った後、その記憶を再生することなどもそのうちのひとつです。種々の実験の結果、年齢による作動記憶の低下は著しいのですが、実験の課題や対象者によって結果が異なるので、脳の働きのどのような要因によるためかははっきり分かっていません。

長期記憶

短期記憶の中で、繰り返されたり、意味づけされたり、興味を持った情報は長期記憶として記憶されます。長期記憶は、何十年も保持されていることもあります。高齢者では長期記憶の量は多いのですが、思い出すことが困難になります。したがって、思い出すためのきっかけづくりが大事です。なにかとこじつけて覚える、組織だてて覚える、じっくり反復して覚えるなどの工夫をすることで再生も容易になります。しかし、長期記憶も他の記憶と同様に忘却します。また、長く記憶している間に記憶が変化することもあります。

長期記憶の中に意味記憶、エピソード記憶、手続き記憶があります。

・意味記憶

生活に関連する全般的な知識です。言葉の意味、その内容、イメージ、それらの相互関係などです。意味記憶は安定していても、蓄えられた情報を取り出す時に時間がかかるなど、検索がスムーズにいかないことが考えられます。老化が記憶に影響していると思われるのです。そこで、高齢者ではTOT現象（喉まで出かかっているが出てこない現象）などが起こります。意味記憶はアルツハイマー型認知症ではかなり低下します。

・エピソード記憶

時間的に順序づけられた内容の記憶です。たとえば、ずっと昔、祖母とお祭りに行き花火を買った、などです。エピソード記憶は加齢とともに低下し、低下の開始は一般的に考えられているよりも早く、低下の速度は比較的に遅いと考えられています。

・手続き記憶

技術や習慣の記憶です。自転車の乗り方や泳ぎ方などの動作の記憶は１回覚えると忘れません。身に付いた記憶で思い出そうとしなくても、自然に思い出せて使うことができます。手続き記憶は、簡単なものから複雑なものまでありますが、生活を支える重要な記憶です。これは他の記憶と違って年齢に影響されにくい記憶です。

◎メタ記憶

メタ記憶というのは自分で自分の記憶力を適切に評価したり、判断したりして、必要な対処を行う能力のことです。たとえば、「１回言われただけで電話番号は覚えられない。もう一度言ってください。メモを取ります」などというのは、自分の記憶力についての把握ができているからです。高齢者はメタ記憶も低下してきて自分の記憶力を低く評価しがちです。「なかなか覚えられない」、「すぐに忘れてしまう」という、自分の記憶についての自信の低さは記憶力低下につながりますが、実際の記憶力低下は、思っているほどではないこともあるのです。「歳を取ってしまったので記憶力が低下している」という判断の低さも記憶力低下につながっています。

記憶についてのこれまでの研究から、高齢者の記憶の特徴を次にまとめてみます。

○高齢者の記憶の特徴

・覚えている記憶の検索（引き出す）が年齢とともに低下します。したがって思い出すのには時間がかかります。

・感覚記憶は記憶を保持している時間が短いにもかかわらず、高齢になると刺激を見分けるといった情報の入り口でとまどうようになるので、感覚記憶は低下していきます。また、感覚記憶につながる短期記憶も低下すると言われていますが、最近の研究では、短期記憶は高齢になっても衰えないという説も出てきていて、実験によって結果は異なるため、まだ定説はありません。

・長期記憶は保持されるが、短期記憶は保持されない（昔の記憶は忘れないが、今、言ったことは忘れやすい）、という一般的な印象があります。しかし、これには十分な根拠はありません。

・作動記憶（記憶と同時になにかの作業を行う）は、年齢により著しく低下していきます。

低下の程度は課題や個人による違いがあります。どのような要因が影響しているのかは分かっていません。

・エピソード記憶よりも意味記憶の方が年齢の影響を受けにくく、意味記憶は比較的長く維持されています。

・手続き記憶は年齢の影響を受けにくい記憶です。

・TOT現象（舌先現象：喉まで出かかっているが出てこない現象）がよく見られます。これは、思い出せない記憶で、その内容や周辺のことなどが思い出されても肝心のことが思い出せないような現象のことを言います。高齢になるとこの現象が出てきます。

・記憶の低下を補う方法は、種々考えられます。たとえば、ちょっとした再生の手がかりの工夫により、再生できます。また、記憶の低下を防ぐための工夫として、声に出してリハーサルする。カテゴリーにまとめる、意味をはっきりさせる、イメージを利用する、カレンダーに書くなどがあります。

・記憶は注意と密接に関係しています。ひとつのことに注意集中する力は、一般的に高齢になっても衰えるものではありません。しかし、注意を分散すること（たとえば車を運転する時に前方を見ながら、標識を見てアクセルを踏んだりブレーキを踏んだりする）は、困難になっていきます。

○記憶に関係するもの

身体的な要因

心臓血管系疾患、糖尿病が記憶力の低下とつながる、という研究結果があります。パーソナリティも記憶に影響します。記憶力の低下は自尊心をそこない、それが更なる記憶力の低下を招くという悪循環があります。

脳の病気、身体的な病気は記憶の低下を招きます。記憶を衰えさせないためには、健康を維持できるように努力する必要があります。

心理的な要因

好きなことをしたり、仕事に意欲を持って取り組んだりしていれば、記憶の維持や発達によい影響を与えます。頑張ってなにかに取り組む姿勢などが能力に関係する、との観点から考えると老化に対する予防に精を出したりする積極的な姿勢は、記憶にもよい影響を与えます。ストレス、うつ、喪失体験や緊張状態が強いと記憶は衰えます。

情動と結び付いた記憶

中世に記録を書き残す習慣がなかった時、土地の譲渡、家系のことなど重要なことを記録するために７歳くらいの子どもを選び、これらのことを記憶させて川に投げ込んだそうです。すると、その記録はその子の生涯にわたり正確に保たれたそうです（J・L・マッガウ：２００６）。真偽のほどは分かりませんが、強い情動に結び付いた記憶は、なかなか忘れられません。情動というのは、強烈な体験に伴う驚き、恐れ、怒り、悲しみ、喜びのような心の動きです。PTSD（心的外傷後ストレス障害）がそのひとつです。この場合、忘れられないことが問題になります。記憶にとどまる経験とすぐ忘れてしまう経験がありますが、その違いはどの程度情動を動かすかによると述べている学者もいます。

廃用性衰退

使わないための衰えです。毎日、何もしないでぼんやりしていると記憶力は衰えます。高齢者が能力を維持するためには、幅広い知的活動の持続が必要です。生活が単純化され、記憶をとどめるための種々の工夫をしなくなると記憶力は低下します。

◎認知症の記憶

認知症では認知活動全体が低下します。記憶だけではなく思考、行動、情緒などにも影響をおよぼします。見当識も低下します。見当識とは、時間、場所、自分や周囲の人についての認識などです。たとえば、今がいつであるか、ここがどこか、自分が誰であるかなどの意識です。

認知症の基本症状は過度の物忘れです。誰でも歳を取るともの忘れが多くなるのですが、具体的にはすぐ前のことを忘れる、同じことを何度も繰り返して聞くなどの症状です。

正常な加齢ではエピソード記憶の一部を忘れますが、認知症では体験そのものを忘れます。たとえば「昨日の夕食は何でした？」と聞いたとすると、普通、何を食べたか覚えてないにしても夕食を食べたことは忘れません。しかし認知症では夕食を食べたこと自体を忘れてしまっています。

手続き記憶は低下しにくいため、昔、覚えた化粧の仕方、着物の着方など、種々の習慣化された事柄の記憶は保たれている場合もあります。漢字が読めるなどの意味記憶も比較的低下しにくいようです。しかし、アルツハイマー型の認知症の場合は、意味記憶も著しく低下します。

記憶に関する研究は結構進んでいますが、確信が持てるデータは多くはありません。高齢化するに従い記憶力は衰えますが、記憶力低下を防ぐための種々の工夫もできます。また、メタ記憶などによる自己評価の低さが記憶力低下につながり、健康状態も大きく影響するということです。日常生活に気をつけて、歳を取っているから、ということを理由にしないで自信を持って生活することで記憶力の維持や向上が期待できる、とも言えます。

3　高齢者の知能

○知能の考え方

　一般的に、高齢になると知能は低下するものだと考えられています。しかし最近になって、高齢者の知能についてこれまでとは違った「高齢になっても知能は単純に低下しない」という見解が示されてきました。その見解によると、知能には加齢により下がるものと下がりにくいものがあることが分かってきたのです。さらにこれまでの研究方法ではなく、より現実にそった方法によれば、一概に高齢になると知能が低下するとは言えないことも分かってきました。

　ここでは一般的な知能についての考え方と高齢者の知能について述べます。

知能テストのはじめ――ビネーテスト

　知能テストは20世紀初頭にフランスのビネーが、子どもが普通児であるか、知的障害児であるかを判別するためにつくったのがはじめです。このテストは年齢順にやさしい問題から難しい問題順に並べ、ある年齢の子どもたちがどのくらいの正答率であるかを予め調べておき、それとの比較で知的水準を判断したのです。

言語性テストと動作性テスト――ウェクスラーテスト

アメリカのウェクスラーは知能の内容を言語性と動作性に分けて測定し、全体として知能指数を出す方法を考えました。言語性テストは言語を中心とした知能をはかります。言語理解、知識など教育や経験により獲得した能力です。動作性テストは新しい環境に適応する力や抽象的な能力をはかります。言語性知能を結晶性知能、動作性知能を流動性知能とも呼びます。この結晶性、流動性の考え方により、高齢者の知能の特長を的確に捉えられるようになりました。「年寄りは物知り」と言われるのは結晶性知能によるもので、これは高齢になっても維持されますが、応用力などに関係する流動性知能は衰えが早いと考えられます。

ウェクスラーは、年代別に低年齢児用、児童用、成人用の知能テストをつくりました。すべて言語性、動作性に分かれています。成人用をウエイスと呼びます。すべての年代とともに次のような検査項目でできています。

言語性検査（結晶性知能）―知識、数唱、単語、算数、理解、類似

動作性検査（流動性知能）―絵画完成、絵画配列、積み木模様、組み合わせ、符号

○知能の研究法――研究法により変わる知能

知能をはじめとする人間の発達について研究する方法として、横断法と縦断法がありま す。どの方法を取るかによって結果が変わるので、研究法は重大な問題です。

横断法

横断法は、もっとも手近な方法で、ある時点で年齢別のグループについて調べる方法で す。たとえば、高齢になると知能が下がるかどうか、について調べる場合、ある時点で年齢別のグループに同一の知能テストを実施し、その結果を年齢ごとに比較する方法です。これが横断法です。こうすれば、知能の年齢による違いが分かります。この方法はとても簡単なのですが、問題もあります。それは育った時代の文化、教育、社会の差などを無視しているのです。たとえば今30歳の人の知能と60歳の人の知能を比較し60歳の人の方が低いとしても、その結果を純粋に年齢差によるものとは言えないのです。つまり、知能は育ってきた状況に大きく影響を受け、30歳の人と60歳の人では、その時代背景が違うからです。この場合、60歳の人は30歳の人よりも教育を受けた年数も短く、近代的な文化の恩恵も少ないと考えられます。そのような条件の違いが加味されてしまっているので、60歳と30歳の人の知能の違いは年齢差だけとは言いきれません。

縦断法

その欠点を補うものとして、同一人物をずっと追っていく縦断法が考えられました。この方法によれば、同一人物の知能をずっと測定し続けるのですから、知能の年齢による変化が見られます。しかし、実際的にはこの方法は、種々の問題を含み、現実的ではありません。長い期間を要するし、対象者自身がいろいろの状況の変化に遭遇し、脱落することもあるし、何回も繰り返すので練習効果も考えられるからです。

系列法

そこで新たな方法として系列法が考え出されました。系列法は横断法と縦断法を組み合わせ、統計的な手法を加えたものです。横断法と縦断法の欠点を少なくした方法であり、系列法により知能と加齢の関係がこれまでよりはっきりし、高齢者の知能の状況が分かってきました。結果的に、高齢者の知能はこれまで考えられてきたよりも高くなったのです。つまり、これまで考えられてきたより高齢になっても知能は下がらないことが分かりました。

◯知能と年齢──古いパターンと新しいパターン

知能の古典的パターン──知能低下は早い

図3は、ウェクスラーが発表した横断法による年齢と知能の研究結果です。言語性（結晶性）知能は30歳くらいがピークで、その後低下していきます。一方、動作性（流動性）知能は20歳くらいでピークとなり、その後、急激に低下していきます。両知能ともに加齢による

低下が著しく表現されています。つまり実際以上に加齢による影響があり、「知能の古典的加齢パターン」と呼ばれているのです。

新しい知能のパターン――知能低下はさほど早くない

その後、新しい研究結果がシャイエによってなされました。図４に示したのは、シャイエが実施した知能検査の結果です。これは系列法により構成された集団に知能検査を実施したものです。ウェクスラーのものとはだいぶ違います。この方法によると教育や文化の差をある程度は排除できて、より年齢差を反映できます。これで見ると言語性知能、動作性知能ともにピークは60歳位です。その後の下降もゆるやかです。

知能には加齢による影響を受ける部分と受けにくい部分とがあります。シャイエによると言語性知能は60歳くらいまで上昇を続けます。動作性知能も30歳頃にピークを迎え、その後も40歳くらいまで

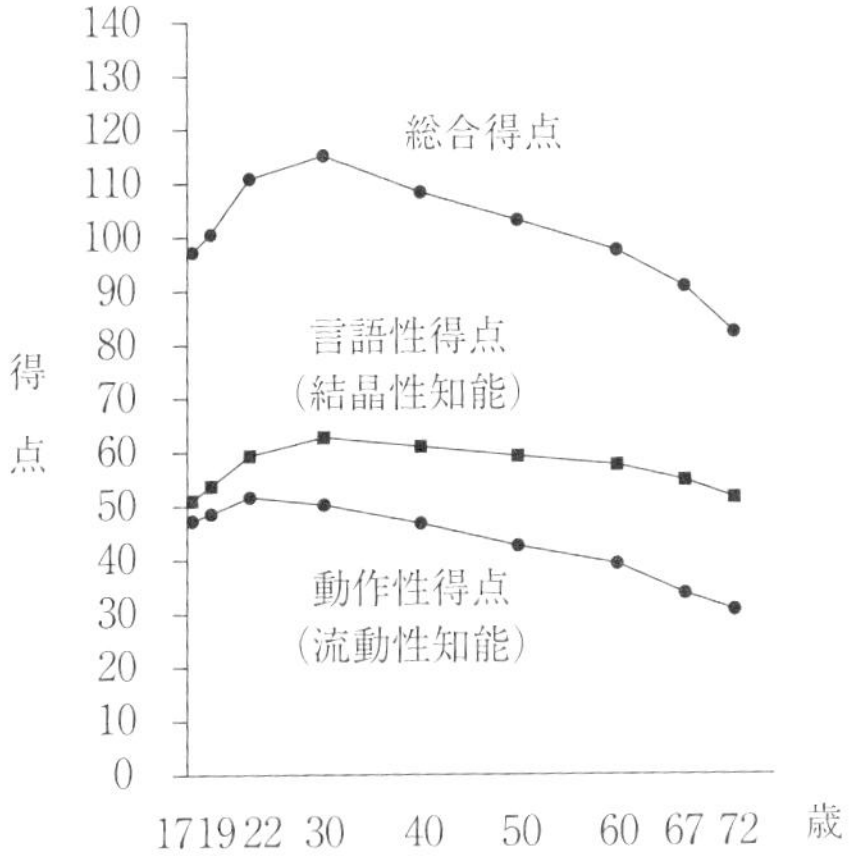

図３　米国でのWAIS-Rの標準化データ
(Wechsler, 1981)
下仲順子（2007）『高齢期の心理と臨床心理学』培風館

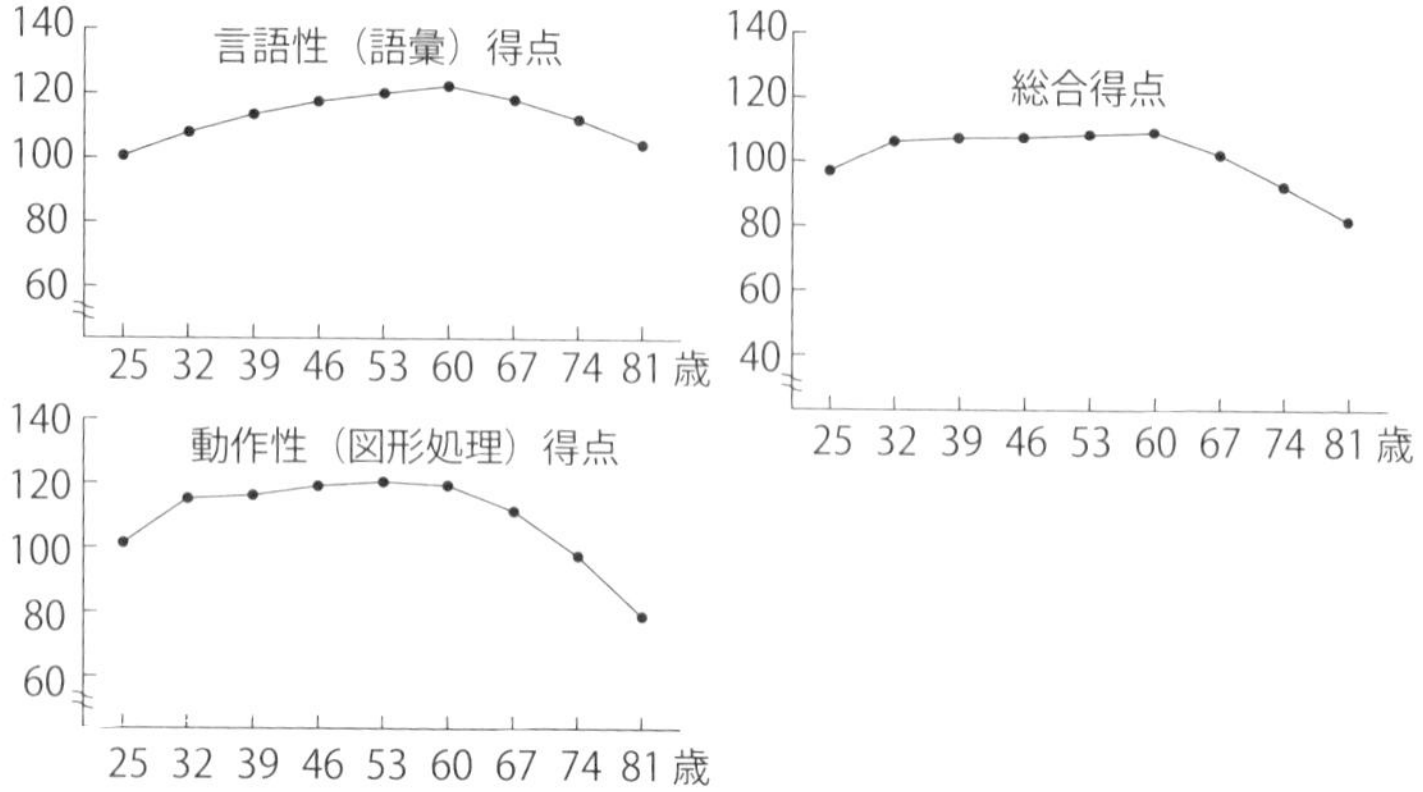

図４　PMA 知能検査による修正された知能の加齢パターン
介護福祉士養成講座編集委員会編（2007）
『老人・障害者の心理・新版介護福祉士養成講座 7 』中央法規出版

ゆるやかに上昇し続けます。動作性知能は言語性知能ほど維持されませんが、これまで考えられていたほど低下はしないのです。

○ 知能の柔軟性・知恵

高齢になると知能は低下しますが、一度低下した知能も種々の訓練などにより回復することが最近分かってきました。また長い人生の中で使われない機能もあり、訓練によりそのような能力も新たに発揮できるようになることも分かりました。総じて高齢者の能力には訓練により変化する柔軟性があるのです。

また、知能と関係が深いと思われる知恵について述べますと、知能が高い人が必ずしも知恵があるとは限りません。知恵についてバルテスは、「人生での不確実性を含む問題についてよい判断をすること」と述べています。知恵は加齢によって培ってくるもので、長い人生の中での種々の経験から学び取ったものと思われます。知能の高さもさることながら知恵を働かせることは高齢者にとって重要なことです。

○ 知能に影響する要因

教育・職業的経験

知能は生得的に持って生まれたのではなく、発達途上で知的な刺激を受けるほど高くなると言えます。したがって教育を受けた年数や職業的経験の有無などが関係します。生育途上の時代の影響も受けます。

健康

健康状態と知能の関係は深く、健康状態が悪いと知能は低下します。認知症などの脳疾患は当然知的活動に悪い影響を与えますし、心臓血管系疾患、高血圧なども同様です。知的な活動には健康がもっとも重要です。

環境の急変

転居、家族・友人などの死、社会的孤立などが知能に大きく影響します。

訓練による効果

高齢者に帰納推理と空間定位の2つの検査を7年間の間に数回実施したところ、明らかに訓練した方が成績がよかったという結果があります。また、頭を使う機会があって反復効果が得られれば、知能の低下が防げるという説もあります。

終末低下――死を予測する知能

知能の老衰現象として終末低下が言われます。高齢期の人は死の数年前から認知機能の低下が見られ、死の直前に知能が低下することが説明されました。このことから知能の遅れが死を予測できる、という説です。

◯ 高齢者の知能について分かったこと

高齢者の知能は一概に低下するとは言えないこと、低下しても訓練により回復の可能性があること、さらには、開発されていない知能を新たに引き出すこともできること、また人には知能とは必ずしも一致しない知恵があることが分かってきました。知能の高さは、新しいことに対して開放的な性格、職業経験、若い人々との交流などと関連している、という研究もあります。

知能測定には、ほとんど知能テストの結果を用いていることにも注目する必要があります。知能テストではかられる内容は限られています。具体的には、創造性、技能面などは、ほとんど測定できません。また知能測定には、測定集団の特質、測定人数、時代、測定者、測定時の環境などによる影響が大きく、純粋に加齢による影響を測定するのは難しい事実もあります。知能の加齢による影響に関しての研究は少なく、分かっていないことも多いのが現状です。知能の概念に左右されずに、認知能力を高めるような日常生活の中での実際的な働きかけが重要だと思われます。

4 高齢者の環境を把握する能力

人は感覚機能により、周囲の状況をキャッチします。高齢者の場合、感覚機能ばかりではなく、そこで受け止めた刺激を情報として捉え、処理する能力も衰えます。周囲の状況を把握できないと不安、焦燥感、劣等感などが増し、人間関係に問題を起こしたり、意欲が低下したりします。したがって、高齢者に接する際には、彼らの感覚機能の状況を把握する必要があります。

○ 視力

高齢者の視力の問題には次のようなものがあります。

・読んだり書いたりといった視覚的な作業がしにくくなります。

・トンネルに入るとしばらくはよく見えない、逆にトンネルから出た時もよく見えない、など明暗に対する順応が鈍くなります。

・動くものの早さを把握しにくくなります。車の速さを確認しづらくなり、運転が困難になります。

・近くのものや小さな文字が見にくくなります。人ごみの中で待ち合わせして、目的の人を見つけ出しにくくなります。
・視野も狭くなり、奥行きが正確に捉えられません。
まぶしさを強く感じ、距離感がなくなるので、高齢になると車の運転が困難になります。日常生活でも明るくして見えやすくするなど、照明などを工夫して、視力低下を補う必要があります。視力は40代後半から加齢とともに低下し、70代で若い時の半分程度となると言われています。

◯聴力

図5は年齢ごとの聴力の比較です。加齢によって聴力は低下します。
高齢者の聴力の問題には次のようなものがあります。
・低い音は聞こえますが、高い音は特に聞こえにくくなります。
・音の聞き分けが悪くなります。聴力にはカクテルパーティ効果という現象があります。
これは、カクテルパーティのような雑音の中でも、自分に関連していることや興味のあることが話題になると聞こえる、という現象です。高齢者の場合、このような力も衰えてきます。そのため、雑音があるとこのような話題であっても聞き取ることができなく

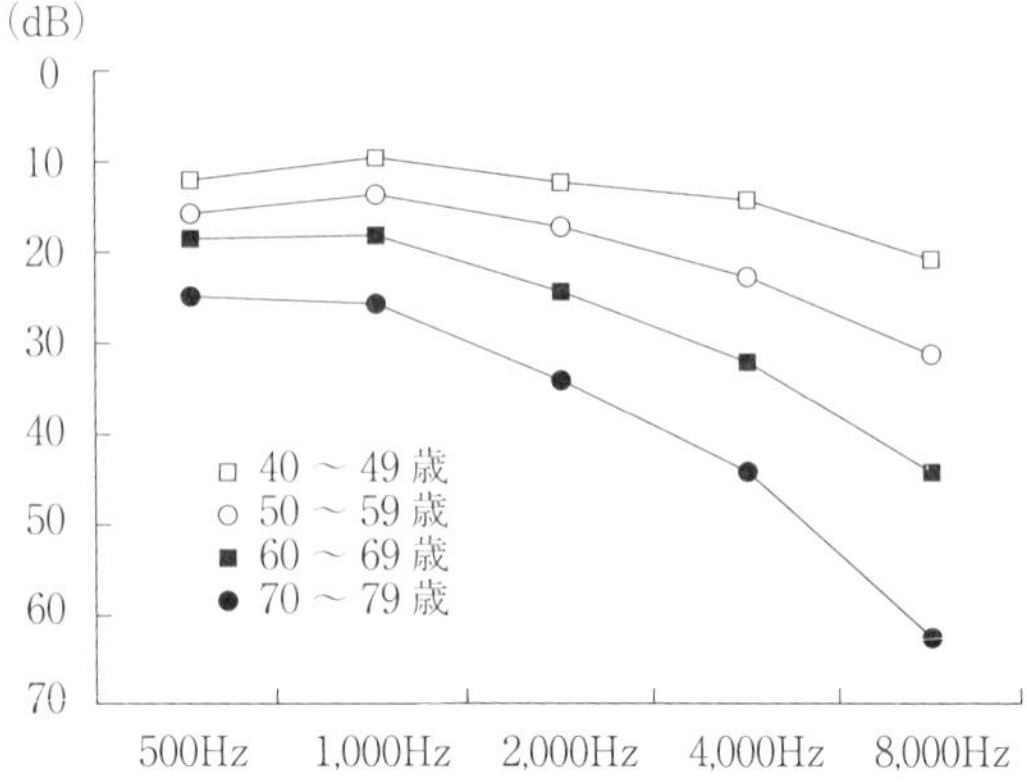

図５　年齢ごとの聴力の比較
D・C・パーク／N・シュワルツ編（2004）
『認知のエイジング』北大路書房

なります。

聴力は40代後半から全音域にわたって感度が下がります。特に高音は聞き取りにくくなります。また聴き取る力が低下するので早口でしゃべられると理解しにくくなります。グループの中での話しかけに応じるのは難しくなるでしょう。できるだけ個別に耳元で話しかけるようにした方がよいのです。

聴力の重要性は他者との交流に密接に関係していることです。聞こえが悪いことを軽く考えがちですが、他者との交流が困難になると疎外感を持ちやすく孤独になります。うつ状態を招くことさえあるので、聞きづらいということは心にも関係する重大な問題であることを理解する必要があります。傾聴においては聴力は重要な要素です。

○ 嗅覚

50代から低下がはじまり、60歳以降、顕著に低下します。嗅覚は記憶と関係が深く、記憶が保たれている人は嗅覚も維持できていると言います。アルツハイマー病では嗅覚障害は著しいと言われます。

○ 注意力

高齢者の注意力の問題には次のようなものがあります。

・多くの刺激の中から目標となる刺激を選び出す能力、つまり、選択的注意が低下します。これは視聴覚両方に言えます。したがって情報は、ひとつずつ順序だてて、丁寧に与えることが大事です。

・分配的注意が低下します。分配的注意というのは、車の運転のように眼、手、足などへ注意を分配することです。高齢者になると分配的注意が低下し、総合的に注意力が低下するとも言えます。

5　高齢者の性格

○高齢者の性格研究

これまで高齢者の性格には、頑固、自己中心、短気、怒りっぽいなどの固定観念がありました。1960年代の加齢研究では年齢に伴いネガティブ感情は増加する、とも言われました。しかし実証的な研究では、ネガティブなイメージについて年齢を理由とした差が見られないことが明らかになってきました。これらのネガティブなイメージは、高齢者に対する各人の思いが投影されていたようでした。つまり高齢者によい印象を持っている人は、プラスのイメージで、よくない印象を持っている人はマイナスのイメージで高齢者を見ていることが分かります。

1980年代に入り、それらに対して見直しがなされてきて固定観念は修正されてきました。2002年、ヘルソンらの分析によると、「人格は成人期以降も変化し、その変化は多彩であり、人生の各時期により、変化は異なる上に男女での人格変化も異なる」ということが発表されました。いくつになっても性格は固定せず、変化するのです。

○ 性格の考え方

性格を分類する考え方

これまでに人間の性格については多くの考え方が発表されてきました。精神医学者であったクレッチマーは精神病の入院患者の体型から性格を分類しました。統合失調症には細長型、躁うつ病には肥満型、てんかんには闘志型がそれぞれ多いことから分裂気質、躁うつ気質、粘着気質を提唱しました。

またユングは、外の刺激に多く反応する人、内に閉じこもりがちな人というように、心の働かせ方を根拠に性格をまとめ、有名な外向型、内向型という分類を考えました。

性格特性の考え方

オールポートは、性格を表す多くの言葉から共通の特性（因子）を選び、それによって性格を表現しました。性格特性による考え方は、性格を分類するのではなく、各人の性格について特性ごとに高低を考えていくものです。どのような性格特性が強いか、弱いかを考えるものです。このように性格を特性で表そうとした研究者は多く、性格特性の数は研究者により異なっています。たとえばキャッテルは16特性、アイゼンクは3特性を考えました。特性が多いと細かすぎて分かりにくいという欠点があります。一方、性格を分類する方法は、ひとことで表現できて分かりやすいのですが、単純すぎて正確さに欠くという欠点があります。それに対して性格特性の方がより正確に表現できると考えられますが、やや複雑であるとも言えます。

性格特性は5つで説明できる

1960年頃より、人間の性格は5性格特性（ビッグファイブ）で説明できるという説が注目されてきました。これまで研究者によってまちまちであった性格特性が5つに統一されたわけです。これは文化、社会を越えたどこでも共通する特性数として定められました。この5性格特性の名称は研究者により異なりますが、5つにしぼられて、複雑な性格が大きく把握できて分かりやすくなりました。この考え方は性格研究の中心となり発展することが予想されます。

1992年にコスタとマックレーにより開発されたNEO－PI－Rという5つの性格特性が、現在もっとも広く使われています。これは次の5つです。

①神経症傾向：心配性、神経質なタイプで環境に適応しにくい性格の人はこの得点が高く、感情が穏やかでリラックスして環境に適応し安心している人はこの得点が低くなります。

②外向性：社交的、活動的、おしゃべりな人はこの得点が高く、控えめなタイプで依存心が高い人やマイペースで遠慮がちな人はこの得点が低くなります。

③開放性：好奇心が強く、興味の巾が広く開放的なタイプの人や、古い考えに縛られず、新しい考え方、価値観を持った人はこの得点が高い人です。伝統的、保守的なタイプで興味の巾が狭く、行動も実際的であり、変化を好まない人はこの得点が低い人です。

④調和性：この得点の高い人は、他者との調和ができて気のよい温和なタイプの人で、人のためになろうとします。そのため人に好かれるのですが、人を信頼しすぎて人に動かされることもあります。一方、低得点の人は自己中心的に考え、他者を信用せず、懐疑的、批判的です。この得点が極端に高低である人は、精神的に健康でないとされます。

⑤誠実性：高得点の人は意志がしっかりして誠実な人で、目標に向かって一生懸命努力できる人です。またきちんとしていて頼りになる人です。しかし、仕事に専念しすぎる、などの欠点が見られることもあります。低得点の人は、頑張りがきかず、いい加減で最後までものごとをやりとげることができない怠け者の人です。

上記の5尺度から具体的な性格を考えてみます。たとえば、Aさんはものごとに拘り、くよくよするタイプです。神経質傾向が高く、友達は少なく内向的で家にいて1人ですごすことが多く、開放性は低い人です。しかし、家族の中では調和性を保っており、誰に対しても誠実で、調和性は高い人です。というふうに1つずつの尺度は、高低に従って説明します。

○ 高齢者の5つの性格特性

下仲(2007)は、18～87歳の地域住民を対象に、5性格特性が世代によりどのような違いがあるかについて調べました。つまり年代によって性格が違うか、について考えたのです。その結果、高齢者の性格の特徴について、**図6**のような結果を得ています。

神経症傾向―低い

高齢期にはリラックスし、安心、満足感を得て安定してきます。心配性などの神経症傾向は青年期に高く次第に下降していきます。

外向性―内向的

高年齢になると内向的になります。中年期は変化なく、高齢期では外向性は次第に下降してくるのです。この傾向は女性の方が強く、男女差があります。

開放性―低い

開放性は高年齢になると低くなってきます。その傾向は女性の方が強くなっています。しかし、他の研究によると安定を示している結果も得られているので、開放性と年齢の関係に

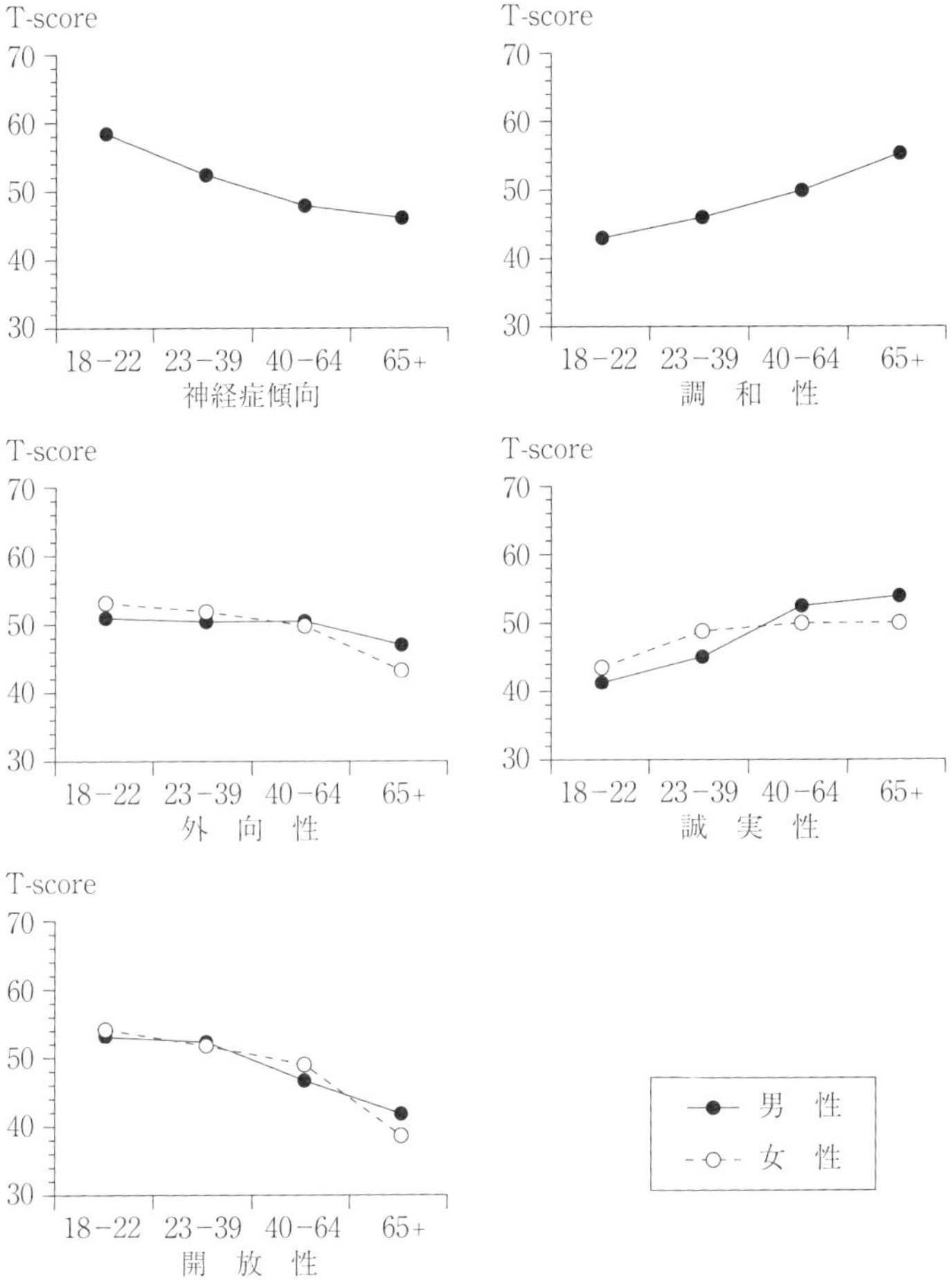

図６　５人格特性の年齢比較

下仲順子（2007）『高齢期の心理と臨床心理学』培風館

ついては、現在のところ結論づけられません。

調和性―高い

高年齢になると調和が保たれます。年代が進むに従い、調和性は高くなります。調和性は年齢とともに発達し続ける特性です。

誠実性―高い

高年齢になると誠実になります。調和性と同じように年齢を重ねるに従い、誠実性も増加していきます。40代で男性が女性を越えて誠実性が高くなっていきます。

高齢者とは反対に青年期では、神経症傾向、外向性、開放性がそれぞれ高く、年齢が上がるにつれて調和性、誠実性は増加していくように思われます。

◯ 自尊感情について

認知症になっても自尊心はかなり高いものです。長く認知症の人と接していて、プライドの高さに気づくことがよくあります。たとえば、回想的に自分の人生を語る時には、人生の最盛期、つまり自分が輝いていた時のことを話します。その内容に話の焦点を合わせると話が続きます。また、自信のないことや聞かれたくないことはさりげなく避けます。たとえば、自分の年齢を聞かれ、分からない人が、「もう歳のことなんか気にしないようにしているよ」と言ってうまくかわしたりしています。さすが年の功、とびっくりするほどです。自尊感情の発達を見ると、12歳までの児童期の自尊感情と60～70歳までの自尊感情はかなり高くなっているという研究結果もあります。この結果では、70歳くらいから急激に低下していますが、この部分の研究数が少ないためで一般化はできない（下仲：2007）としています。

◎長寿者の人格特性

下仲（2007）は、長寿者の性格特徴を5性格特性により次のようにまとめています。①神経症傾向が低い、②外向性が高い、自信が強く、支配的、活動性が強い、③調和性がある、④誠実性が高い、⑤疑い深い。

誠実性が高いことは長寿を予測する要因ともなると述べています。また、疑い深いことは、若い頃はマイナスと取られますが、注意深さとつながって長い人生を無事に送るためには、自己を防衛できる要因となるのではないかと研究結果でまとめています。

金子（2001）は、100歳以上の人々の中で優秀な20名についての共通点を述べています。それによると①身体が頑健で、足腰がしっかりしていること、②生きがいがあり、人生を楽しんでいること、③毎日、新聞を読んでいること、④苦学していて、意欲、好奇心、向上心の強いこと、⑤積極的で自己主張の強い性格、をあげています。

どちらも自我の強い、心身のしっかりした、安定した人生を送ってきた人が想像されます。

6　高齢者の生き方

健康で幸せな老年期を迎え、よい適応状態にあることを、サクセスフルエイジングと呼んでいます。サクセスフルエイジングを得るために、社会で働いている中年期の状態をずっと続けることがよい、とされた活動理論が盛んに唱えられた時期がありました。それに対して、社会から離脱し自然に生きるのがよいとされた理論が出て論争されました。結果的にはどちらが幸せかの結論は出なかったようです。

確かに社会に関わっているか否かだけでサクセスフルエイジングかどうかを決めることはできないと思われます。この論争に代わって1970年代後半頃より、主観的幸福感という言葉が、サクセスフルエイジングをはかる指標として用いられてきました。幸せは主観的なものであるという考え方は納得できるものです。

主観的幸福感について、多くの研究がなされましたが、主観的幸福感に関連の高い要因として、健康、社会・経済的地位、対人関係、結婚状況、家庭生活、移動能力、パーソナリティなどがあげられました。

性格と主観的幸福感との関連を見ると、外向性が高く、神経症傾向が低いことが主観的幸福感をもたらす、という研究結果が出ています。

フィラデルフィア老年学センターのロートンは、高齢者の適応感として次の項目をあげています。①自分自身に基本的に満足感を持っていること、②努力しても変えられないことは、受容できること、③自分の居場所があると感じていること（進藤・2003）。

主観的幸福感を客観的に捉えるためにできたのが主観的幸福感尺度です。以下に下仲（2007）を参考に述べます。この尺度には心理的動揺、老いに対する態度、不満足感の因子が含まれています。この他にも種々の尺度がつくられてきましたが、共通しているのが快感情、不快感情、人生満足度（認知的評価）とされます。快感情は、楽しみ、喜び、成功感、自信、癒し、快感などプラスの感情であり、一方、不快感情とは、恨み、悲しみ、悔い、罪悪感、孤独感など否定的な感情です。それらに評価を加えたものが主観的幸福感と呼ばれるものです。

サクセスフルエイジングは、快感情を多く体験し、そのことが人生にとって有意義でありプラスだったという評価が自分自身でできることだと言えます。

7　高齢者の病気

◎ 傾聴と高齢者の病気

施設に入居している人で心身の病気がある場合、ほとんどの人はすでに主治医から治療を受けています。そして施設側も、医師の診断に基づいて毎日の生活をケアしているので心配はありません。

しかし、著者も訪問による傾聴を実施しながら入居者の状況について、「ちょっといつもと違う」ということを何回か感じたことがあります。その中で次回、訪問した時に入院していた人がいました。高齢者の健康は急変することがあるので十分な注意が必要だと思います。「いつもと違うな」と思う時には、もちろん傾聴は中止にして、職員にその旨を伝えることが必要です。著者自身、「いつもと違うな」と思いながら連絡せず、そのままにして後悔したことがあります。

一人暮らしの高齢者訪問では、なお、健康面の注意が必要でしょう。そのような時に誰に連絡するかについては、予め把握しておくことが重要です。

高齢者の在宅医療を専門にしている医師は、高齢者と接する中で次のようなことに注意するように述べています。

「なんとなく元気がない」、「いつもはできることができない」などがあったら、表情、話し方、姿勢、挙動、歩行などを観察したり、意識障害、全身倦怠感、食欲不振などの症状があるかないかに注意します。これらの症状が見られた時は職員に連絡しましょう。こうした変化の中に、重大な疾患が隠されていることがあるので、専門的な判断が必要です。

◯ 理解したい精神疾患

傾聴を実施する際に理解していた方がよいと思われる、高齢者の精神的疾患について述べます。疾患を傾聴でなおすことはできませんが、その病気を理解していれば高齢者の気持ちをやわらげることができ、その時の状態が幾分かでも楽になり、症状の緩和に役立ちます。また、傾聴ではいつも話し手が面接を受け入れる気持ちがあることを確認して、楽しく話ができるようにしたいものです。

認知症

認知症は脳の器質性の病変によって起こる記憶、知能の障害です。原因はいくつかありますが、アルツハイマーと脳血管性障害が代表的な原因です。症状として記憶、知能の障害など多数の高次皮質機能障害があります。また、種々の精神的症状を示す場合もあります。

①中核症状──脳の障害

認知症の症状には、中核症状と周辺症状とがあります。中核症状は、脳の器質障害のために起こる認知症の直接的な症状です。認知症の人なら誰にでも現れる症状と言えます。記憶障害、知能障害、人格障害、見当識（今がいつであるか、ここがどこか、自分が誰であるか）障害があげられます。これらの症状は、慢性、あるいは進行性です。

認知症高齢者の記憶には、体験したものすべてを忘れるといった特徴があります。また、知能の働きは人の高次の精神的機能である思考力、判断力、想像力、学習力、言語、計算、理解力、適応力などですが、それらが次第に失われてきます。したがって人格も質的に変化してきます。

②周辺症状──精神症状・問題行動

周辺症状は中核症状と複雑に絡み合って認知症の症状となります。せん妄、幻覚、妄想、意欲障害などの精神症状と種々の問題行動です。問題行動としては攻撃的行動、不眠、性的逸脱行為、異食、収集癖、不潔行為、介護抵抗などがあります。

周辺症状で大事なことは、中核症状のように固定的、持続的ではないことです。つまり対応の仕方で改善が期待できるのです。そして精神症状や問題行動には、原因があるということを理解する必要があります。原因を知り、対処する方法を考えることが大事です。大方の場合、背景に心理的な問題が潜んでいます。認知症高齢者は言語表現が十分でないので、言っていることが理解されないことが多く、周囲の人は面倒になってしまいがちです。そのようなことが積み重なると、対象者は不満を抱き問題の原因になってしまうのです。対象者はほんの些細なことで心を傷つけられ、不安におびえているかもしれません。

基本的にゆっくり時間をとって対象者の言い分をよく聴いてみることが大事です。したがって傾聴により周辺症状をやわらげることは、大いに期待できるところです。さらに日常の生活、行動、生活環境の変化、他者との関わりなどに注意して、問題の原因を発見するように努めるのです。そうすることで、問題の原因も分かるし対処の仕方も分かってきます。一般的に考えられる以上に傾聴の力が発揮できるところです。

認知症の症状の中には、薬がよく効く症状があり、抗精神病薬を飲んでいる人もいます。しかし、服薬している場合でも薬だけでなおすことは難しく、周囲の働きかけが大変重要です。ケアのあり方や理解の程度によって症状の改善が期待できます。適切な対応ができた場合には、認知症は「なおる」という印象さえ受けるほどです。心を理解する、可能なことなら要望を叶えてあげるなどにより、状態をよくすることができます。傾聴により認知症の改善に大きな効果が得られるでしょう。

日頃のコミュニケーションが不十分なので、話を丁寧に聴いてもらいたい、という要望を多くの認知症の人が持っています。はじめは、いくら話しかけてもそっぽを向いている人でも、何回も話しかけていくうちに少しずつ応答しだし、次第に心を開いてきます。著者は、半年もこのような対応を続けてみて、驚くような進歩が見られた体験を持っています。このような対応は本人ばかりでなく、家族にも大変喜ばれました。実施している私たちにとっても大変嬉しいものでした。

行動だけを変えようとするのではなく、原因を把握し、対応策をいろいろ試みることが必要です。行動を通して心を理解する、つまり、行動は心を理解するためのきっかけと考えるとよいと思います。行動の中には描画などの作品をつくってもらう、歌を一緒に歌うなどもあります。

認知症になると、自分についての意識は衰えていきますが、人としてのプライドは衰えません。したがって何歳になっても自分自身についてよく理解してもらって、大事に対応されれば嬉しいのです。一生懸命聴く、という傾聴の姿勢は、認知症の人々にいつでも受け入れられるものです。

うつ状態

感情や意欲の障害です。個人によって違いますが、午前中は気分が悪いが午後からよい、などの日内変動があります。症状として、気分の落ち込み、不眠、食欲減退、いらだち、気力・活力減退、喜びや興味が喪失し、無関心になり、対人関係を持たなくなり、さらに悲哀感を持ったり、「死にたい」と言ったりします。

医学的治療を中心に身体面の介護を丁寧に行うこと、励ましの言葉はかけないようにすることなどが重要です。具体的にはこだわりは聞いてあげて、「気にしないで、普通に生活していくうちになんとかなりますよ。しばらく様子を見ましょう」とか、「安心して大丈夫です。急いでやらなければならないことなど何もありません」と言ってあげます。普通の生活を大事にして、散歩したり、テレビなどを一緒に見たりするなど、本人の気分に合わせての援助が効果的です。不安や恐怖などがありますので、そばにいてあげるだけでも大きな支えになります。

積極的な治療は専門家にまかせ、その指示に従うことが大事ですが、周囲の人々の理解ある態度は、治療に効果的に働きます。面接できる状態であれば「うつ状態である」ことを理解して対応しましょう。答えがなかなか返ってこなくてもあせらずに待ちましょう。「AかBか」で応えられるような簡単な質問をするとか、きれいなガーデニングの本を一緒に見る、静かな音楽を聞くなどもよいと思います。モーツァルトの曲には、専門家が分類した「認知症のための曲」、「うつのための曲」などがあります。4、5分の短い曲ですから一緒に聞きながら感想などを話すのもよいでしょう。無理をしないで相手の今の状態に合わせた方法を探しましょう。

せん妄

医療的ケアが必要な意識障害で、原因は脳の循環障害です。興奮状態、幻覚、不安、恐怖、記憶障害、見当識障害などが急激に起こります。日常生活が困難になりますので、常に見守りが必要です。傾聴者がせん妄の人の対応をしなければならないことはありませんが、落ち着いた段階で面接することがあるかもしれません。できるだけ刺激を与えず、穏やかに接することが大事です。刺激の少ない、静かで安心できる環境で話しましょう。せん妄状態が改善した時には、前の行動を覚えていないのでその時のことを話したり聞いたりしない方がよい、と思います。

心気状態

過度に心身の不調を気にして、不安を抱えている状態です。実際には訴えるような原因はない場合が多いようです。病気であれば、自分に関心が向く、誰かに依存できる、などのメリットを無意識に分かっていて利用しているようでもあります。しかし、実際に心身の異常があるかもしれないので、きちんとした検査は受けるように勧めた方がよく、その上で本人の感じている苦痛を受け止める必要があります。

何らかの心理的原因が考えられるので、原因を取り除くような対応が必要ですが、大方不満、愚痴が多いので受け止めてあげることが必要です。日頃接している人は、訴えを聞き飽きてうんざりしていることもあり、訴えを無視しがちですが、本人にはつらい体験であることを考え、聴き手は根気よく聴くことが必要です。

だいぶ前、訪問するたびに便秘を訴える人がいました。実際には便秘の状態は異常な程度ではないので、周囲の人々は聞き飽きていましたが、著者にとっては、本人のつらさが分かったし、何回も聞いているわけではなかったので丁寧に話を聞きました。話はいつの間にか便秘からはずれ、嫁に対する不満が延々と続きました。原因はここにあったようでした。

幻覚・妄想

実際にありそうもないことが見えたり、聞こえたり考えたりすることです。一過性、持続性の場合があります。原因は種々あります。認知症によるもの、うつ病、統合失調症、ストレス、薬物、偏執性性格などが考えられます。老化に伴う感覚機能や認知機能の低下、環境の変化による適応力の低下なども原因として考えられます。

また高齢者はそのような状態のために孤立しやすく、一種の心理的防衛として幻覚、妄想が起きることも考えられます。

話の内容が現実的ではないので「そんなことはあり得ない」などと否定しがちですが、幻聴や幻覚の中には不安から生じる不信感もあるので、丁寧に接するようにしましょう。話している内容に関しては、否定も肯定もしないで聞き、対応策を一緒に考えるなどしてみるのがよい、と思われます。たとえば、親しい人に向かって「私の財布を取ったでしょう」と言う場合があります。親しいからこそ、本当に信頼できるだろうか、と不安を持つのかもしれません。そのような時には、取ってないことを説明して「一緒に探してみましょう」と言って一緒に行動するなどがよい、と思います。

著者の経験ですが、いつものように、老人ホームを訪問した時に「昨日、この辺に狐がいっぱい来てとても怖かった」と話していた人がいました。その人は、まだ施設に慣れていないので、不安感があるのだと思い「それは怖かったでしょう。でもここは東京の真ん中なのでもう来ませんよ」と言うと、安心したようでした。長いこと施設へ訪問していますが、著者たちは、「財布を取ったでしょう」と言われたことはありません。認知症の人たちも外から来た訪問者に対しては、節度を持って接してくれているのだと思います。

参考・引用文献

太田信夫・多鹿秀継編著（２００８）『記憶の生涯発達心理学』北大路書房
Ｅ・Ｈ・エリクソン、Ｊ・Ｍ・エリクソン　村瀬孝雄・近藤邦夫訳（２００１）『ライフサイクル、その完結』みすず書房
今堀和友（２０００）『老化とは何か』岩波書店
金子満雄（２００１）『生き方のツケがボケにでる』角川書店
介護福祉士養成講座編集委員会編（２００７）『老人・障害者の心理・介護福祉士養成講座７』中央法規出版
Ｊ・Ｌ・マッガウ著　大石高生・久保田競監訳（２００６）『記憶と情動の脳科学』講談社
進藤貴子（２００３）『高齢者の心理』一橋出版
下仲順子編（２００７）『高齢期の心理と臨床心理学』培風館
富澤公子（２００８）「Agingと「老年的超越」の関連性に関する考察―ライフサイクルの第９段階と第８段階の比較―」老年社会科学　Ｖｏｌ・30―２
Ｄ・Ｃ・パーク／Ｎ・シュワルツ編　口ノ町康夫・坂田陽子・川口潤監訳（２００４）『認知のエイジング』北大路書房
谷口幸一・佐藤眞一編著（２００７）『エイジング心理学』北大路書房
原千恵子編著（２００５）『心理学Ａ　to　Ｚ』学苑社

第3章　傾聴を学んで——受講者の感想

1　傾聴について

聞けば分かるで済む単調なものでなく、自分を理解してもらいたいという相手の方の気持ちを大切にすることだと学びました。また、日常生活の経験の中で相手の話にマッチするものを考え、選択し、話すことで共感できる内容を相手の方と共有する（通じ合う）ことがとても大事だと感じました。グチはその人の物語であり、相手の心に寄り添う、傾聴とはカウンセリングの一部であると勉強になりました。有難うございました。

電話相談で常識的には明らかに「ウソでしょう」と思われる話を繰り返される方がいた。私はいつもは「またこの話か」と聞いていたように思う。なぜか、その日は、その方のいつもの話をウソかホントかとか理屈ではなく、その方の語りたい思いとして聞いていた。50分ぐらいたったころ、急に話をやめられて、しばらく沈黙された。長い沈黙の後、それまではガラリと声の調子を変えて（本来の声に戻られた感じで）「私本当は……なんです。分かってましたか？」と言われた。私は「分かっていたように思います。」と答えたように思う。その方は「分かっていてもちゃんと最後まで話を聴いてくれてありがとう。実は、私が本当に話したいことは……」とそれまでとは違う話を話されて「ありがとう」と言って電話を切られた。私はいつもその時の電話を思い出す。あの時の「ちゃんと聴いてくれてありがとう」が私が誰かの話を聴く時の原点になっている。「きちんと聴かせていただく」ことからお互いに始まる関係性、たとえ一度きりの関係でも大切にしていきたいと考えている。

傾聴とは元気になる源であると思います。（する側もされる側も）私は現在精神障害者のサロンでボランティアをしています。皆さんの居場所作りです。サロンではメンバーさんが話すことに「うんうんそうなの。それは辛かったわね」とオーム返しのごとくただただ頷く。頷いているだけですが話し終える頃には〝にこっ〟と笑ってくれます。「笑ってくれてありがとう」と伝えます。私自身胸に熱いものを感じます。気持ちに寄り添えたのかなと嬉しくなります。辛さを幸せに変えるのが傾聴の意味なのかもしれません。また、傾聴とは恩返しというか心のお返しだと思います。

「傾聴」とは、心を傾けて聞く、熱心に聞くことと辞書にある。「傾」には、尽くす、そばだてる。「聴」には、待つ、ゆるす、聞き入れる、明らかにする、の意もある。ほとんどの人は抱えている閉塞感を打開したいと思う時、他人に自分の話を聴いてほしいと願うものだ。実際ただ話すことによって気持ちが楽になり、問題解決の糸口を見つけられたりもする。話し手が願うこと、それは聴き手が「聴き上手」であることだ。「聴き上手」な人とはどんな人だろう? 話の腰を折ることなく、価値観を押し付けることなく、非難・否定することなく、ただ最後まで話を聴いてくれる人。同調し、赦してくれる人。そして願わくは良きアドバイスをくれる人。本講座を「聴き上手」になるための方法を学ぶ場と考え、まっさらな気持ちで楽しみながら聴いていきたいと思っています。

私が考える傾聴の意味とは、ズバリ相手の心の声を聴くことだと思います。私をはじめ自分の意思や表現を100%コトバにするのが苦手な人は少なくありません。そして、伝えたいことがうまく伝わらなかったり、ひいては相手によくない印象を与えてしまったりということもありました。しかし、母親や私の友人たちはしっかり相手の表現を受け止めることのできる方が多く、これまで生きてきた中でたくさんたくさん助けられました。また、私自身もそのような方たちが周りにいたおかげで少しずつ相手の言おうとしていること—内面の意思に気づいて汲み取っていけるような心がけをするようになってきました。昨年の傾聴講座を受講してから、私の日常生活の中に傾聴を心掛けるということが加わりました。以前は、高齢の父や母との会話の時も、聴き方が決してうまいとは言えず、なんとなく聞き流していることがよくありました。傾聴を学んでからは、いつもの同じような話でも耳を傾け、ゆったりと聴けるようになってきたようです。話し手が楽しく十分におしゃべりした後は気持ちよさそうなので、満足できたのかな、とこちらもうれしくなります。しかし、ボランティアでお会いする方々は、信頼関係を築くところから始め、心をかよわせるまでに時間もかかります。さまざまな事情や悩み事などを抱えた相手を受け止め、心に寄り添って聴いていくことはとても難しいことです。傾聴により、対象者に合った聴き方ができれば、心を癒し、さらには、生きる力にもつながっているのかなと思います。

「傾聴」という言葉は、数年前に新聞に掲載されたのを覚えています。その時は、難しく感じてよく理解できませんでした。人は誰でも孤独です。自分を分かってほしいと願っています。親しい友人とおしゃべりが楽しいのは、話すことでストレス解消になるからです。自分のことを分かってくれた満足感、自分はひとりではないという一体感、私も悲しい時に話を聴いてもらうだけで心が落ち着きます。心から相手のことを理解しなければと思います。今の社会は、先が見えない不安が多いストレス社会です。誰もが不安を抱えて生きています。「傾聴」によって、人は自分のことを理解して、心を癒されたいと願っています。

傾聴というと、なんか難しいような気持ちでとらえておりましたが、聴くということは、毎日の生活の中で自然にしていることなんだなあと思いました。家族の中での会話、近所の方たち、そして友人など、人との触れ合いの中で聴いたり話したり、大切なことは、一方通行にならないように、その人の気持ちに寄り添って聴いてあげて、頷いてあげられることなのかと思います。テレビドラマを見ては、出演している人たちの会話などを意識して聴けるようになりました。

話すこと＝離すこと。つまり、心の中にある心配事を人に話すことは、とても楽になる場合が多くあると思います。その場合、聴き手が留意すべきことを常に念頭に置いていれば、より効果が高くなると思われます。傾聴に必要なことは、話し相手の気持ち、思いを「あたかも自分のことのように」ひしひしと想像して感じながら親身になって聴く、話し手をそのまま尊重して受け入れること、聞き手自身が自分自身に対して素直で開かれていること、です。これらが実現されれば、話し手は、受け入れられている安心感、満足感を感じ、素直になれ、もっと本音を語り表現できるようになり、私たちの目指す「援助」につながるのだと考えます。

人は生きていく上で、個々の人生の物語を体験しており、その体験を人に聴いてもらいたいという欲求を持っています。その方たち（クライエント）のお話を聴くことで過去の出来事の理解を深め共感ができればよいと思います。そしてクライエントの方は、話すこと、聴いてもらうことで自分の存在を知ってもらえた満足感と心の重さが軽くなるのではと考えられます。クライエントの話を静かに心より聴く、話に寄り添う心で傾聴すると「心のケア」が実現できるものと思います。

私は施設の傾聴ボランティアを数か月前から2人組ではじめました。対象者は2人です。施設では、明るく広々としたスペースで、毎日利用者さんは一緒に一日の大半を過ごしています。あまり変化のない、ゆったりとした時間が流れている様子です。お2人とも施設内に話し相手はいないとのことで、部外者である私たちの訪問は、お2人にとって少し楽しい時間になり始めているかもしれません。お2人の事情や話の内容の重さはだいぶ違いますが、私たちはただひたすら聴き、この方々の心に寄り添いたいと思っています。それができているのか、癒しになっているのかと傾聴の時間を終えて施設の外に出ると、自分の心に聞いています。まだ、始めたばかりなので、よく分かりませんが、月に一度の訪問でも、顔を覚えて頂き、だんだんと表情が柔らかくなってきたような気がします。これから経験を重ね、いろんな境遇の方とお会いすると思いますが、難しい問題を抱えた方の傾聴はまだまだできないと思います。

2　共感について

共感という言葉を辞書で引いてみました。人の考えや主張に自分も全く同じように感ずること。また、その感情……とあります。今まで、友達とのおしゃべりの中で、相手の話に共感した場合、つい自分の同じような体験を話していました。最近気づいたことですが、友人は、自分の体験（大体が大変だったこと）に共感してほしくて、話しているのだということです。うんうんと頷いてほしいのだということです。私の体験などいらないのです。傾聴においては、まさに、頷いてほしい、それだけで十分なのではないかと思います。それも、心から理解し、素直に頷くだけでいいのではないでしょうか？

共感的理解。相手の気持ちを共有して聴く。相手が考えていること、感じていることを自分のものであるかのように理解、想像しながら相手に寄り添って聴く。大事なことは、共感しても巻き込まれない、振り回されない、自他の別をしっかりと持ち、常に自分がいるんだという冷静さも必要である、ということ。とても難しいことでもありますが、こんなことをも含み、秘められて表にでない性質のものでもあるのかな、と改めて考えさせられました。

共感とは、聴くことの本質であり、体、心の病気を癒す大切な方法であると感じました。相手の方が笑えば自分も笑って模倣することで、相手の方の気持ちが理解できることとも学びました。共感を得るためには、想像性を高め、感情が豊かで相手の立場に立って考えられる心が大切だと思いました。そのためにも、私自身、多くの方の話を聴いたり、読書したり、幅広い知識、経験をつみ、努めることでよりよい傾聴、共感ができるようにしていければと思いました。

共感とは、相手の心を分かってあげられること、ただただお話を聴かせていただいて感じ取れる中で、ともに感動し、喜び、泣き、笑う。私がその人だったらどうだろうと、置き換えてみる。共感は創造性、気づき、心の動きが必要なのでいろんなことを経験することが大事だと思う。相手の言っていることを受け止めて、認めてあげてから聴く、そして、そのことを感じ取れるように努力したいと思います。人間の幅を広められるように頑張ります。先日、友人の夫が癌でお亡くなりになりました。私は言葉を発することもできず、ただ黙って彼女の気持ちになってそばにいてあげるだけでした。「さびしくなったわ」の言葉に「うん」としか言えませんでした。自分の頬に涙が伝わっているのが分かりました。これが共感でしょうか?

相手の立場に立って物事を考える。頭では分かっていても、いざとなると、自分の感情が先立ってしまい、とても難しいことだと思う。共感するということは、同情することとは異なる。自分があたかも相手が感じているように感じるにはどうすればよいか？　まずは、自分の「考え」を脇に置き、極力相手が話す内容に、または話せないがどんなことに苦しんでいるのか推察し、自分を通して相手を感じることであると思う。そのためには、自分の感性を豊かにすること、また、自分が穏やかで開かれていることが重要と思う。感性を高めることが大事だと思うのでさまざまな経験を通じて学習していきたい。

以前に少し失敗したことがあります。真剣に話を聴いているうちに、相手の感情に引き込まれてしまい、そして人に対しての批判や愚痴などを聞いているうちに、つい自分の考えや意見などを言ってしまい、相手の気持ちを不愉快にさせてしまったのです。相手の方には、「ただの話なのに話もできない」と言われてしまいました。相手の方はきっと、ただ話を聴いてもらえれば、それでよかったのでしょう。私は、すっかり相手の方に感情移入してしまったのです。それからは、真剣に聴いても巻き込まれないようにと意識しながら聴くようにしました。そんなことを考えながら聴いていると、冷たいと思われてしまうこともあるので、〝共感〟ということは難しいなあと思います。皆様と一緒にお話ししながら勉強していきたいです。

聴くことの本質。対象者の話がその内面を自分が体験したことであるかのように感じ、理解すること。けれど客観性を失うことなく、冷静な判断力を持って、同情したり、振り回されたりしてはならない。自分の経験が乏しい場合は、他の人の経験を聞いたり、本などから学び、想像力を駆使して、対象者の話を聴く。

私は以前、友達の悩みを聞いていて、泣き出してしまったことがあります。振り回された結果です。傾聴者に向いていないかもしれませんが、こうして学ぶ機会を与えて頂いたので、しっかり自分を育てていきたいと思っています。

他人の喜ぶのを見るとともに喜び、他人の悲しむのを見るとともに悲しむというように他人と同じ感情を持つこと。つまり他人の体験したこと、感じていることを自分自身も同じ経験として感じ頭の中で想像して、理解しようとすること。しかし素人が考えるには他人の気持ちは所詮理解するには難しいと思います。たとえば、子どものいない同世代の人に子どもの話をしても分からないというように全く同じ環境、立場にないのですから……分かろうと努力することからはじまるのではないでしょうか？　真剣に心の中を見ようとすること、しかし客観的に接する。大変難しいですがそれにはよく話しを聴く。すなわち傾聴がとても大事になり、必要なことだと思います。

東日本大震災により被災地の多くの方が大切な人や家を失い、いまだ深い喪失感から立ち直れないでいると聞く。今この場所にいる私には想像もつかない悲惨な経験をしてきた方に、真に共感することは難しい。同じ経験をした人にしか解らない思いをどうして「共感」することができるだろう？　私はその人ではないのだ。

共感には限界がある。どんなに想像力の翼を広げても、届くことのない世界がある。あくまでも「分かったつもり」にしかなれない悲しさがある。したがって，自ずと客観的にしかなれず、想像力を働かせることしかできない。

では、私にできることは何かと考えてみる。

ただ聴くこと。その人が思いの丈を吐露することで、少しでも「楽になれた」と感じられること。そのために抱えている問題をうまく引き出す方法を身に付けることが必要だと思う。

「共感」とは、自分が相手の立場だったらと相手の身になって話を聴くことが大切だと思います。「人は誰でも孤独」です。自分を理解してほしいと願っています。どんな些細なことでも真摯な態度で聴くことが大切だと思います。しかし「言うは易し、行うは難し」です。高校生の娘が私に勉強は嫌だといった時もすぐ「勉強は大切だから」とか「勉強できるのは幸せだよ」などとお説教してしまいます。言ってしまってから、娘は部活と勉強と大変なのに、なぜ「共感」してやれなかったのかと反省します。私自身も友人に悩みを話して共感してもらえると自分を肯定的に捉えることができ、生きる勇気や希望が湧いてきます。「共感」することは難しいことです。少しでも「共感」できるように学び続けていくつもりです。

共感というと、すぐに思い出す出来事がある。

わたしは、ずいぶん前から幼い子どもと保護者の方に、読み聞かせをしている。そのときのことである。2歳になるかならないかくらいの、おとなしい女の子がお母さんといっしょに、欠かさず私たちの読み聞かせの会に来てくれていた。その子はお気に入りの絵本を本棚から自分で持って来ると、お母さんの膝に坐り、楽しそうに絵本を読んでもらっていた。その時、元気のいい男の子が、その子の持っていた本を横から、ひょいっと取り上げてしまった。彼女は一瞬何が起こったのか分からないような顔をしてから、大声で泣き始めた。初めて聞いた彼女の泣き声だった。お母さんも驚いたようだったが、「あの本はみんなの本だからね」とか「泣かないの！　他の本で我慢しなさい」とかいろいろ言い聞かせていたが、いっこうに泣き止まない。一部始終を見ていた私は、彼女のそばにそっと寄り添って「びっくりしたねえ。あの本読んでたのにねえ」と語りかけた。泣き止まない。でも、泣きながらわたしの顔を見ている。もういちど、ゆっくり「あの本○○ちゃんが読んでたのにねえ。ヤダったねえ。びっくりしたねえ」と語りかけると、なんとピタッと泣き止んでくれたのである。

幼い子どもに、私の言葉かけがどんな風に伝わったのかは分からない。でも、どんなに幼くても「自分の気持ちを理解しようとしてくれている」ことへの安心感のようなものはあるのではないかとそのとき感じた（勝手な自己満足かもしれないが）。生後数か月の赤ちゃんから小学生、お母さんまで、読み聞かせの会では、できるだけ共感的と考える言葉かけを一人ひとりにするよう心がけている。そして、ニッコリ笑顔や「そうなんです――」という言葉をいただけたら、最高の幸せである。

3　傾聴の技法について

普段、何げなく「話したり」「聴いたり」していても、いざ傾聴の技法を身に着けて聴こうと思うとかえって何も聞けなくなってきそう。あいづちひとつにしても大変なので、あまり意識しすぎないでできるだけ、自然体でいこうと思います。できるだけ素直な心で自分の思いを脇において、でも積極的な態度で聞き取る努力をしようと思います。相手の言葉の意味や内面の感情を理解し、相手が何を言いたいのかを的確に捉えられるように、また自分を失わないように、自分の内面的な安定などに配慮しながら仕事に当たりたいと思います。

カウンセリングとは相手の思いをしっかりと聞きながらも、相槌や頷きなどを入れて相手の方にしっかりと受け止めていますよ、聴いていますよとアピールをし、安心を持ってもらう、そして、その安心から信頼へとつながっていき、より相手の方が気持ちよくお話でき、かつ心地よくなっていただくための技法なのだと感じました。自分も相手の方に信頼していただけるように、頑張りたいと思いました。

相手の話されていることをすべて受け入れ、あいづちを打って素直に聞くことで心のケアになるのだということを学びました。あいづちを打つとは、ハイハイ、ソウソウと工夫して、ひたすら相手の言うことを理解し、受け止めることで、カウンセリングでは必要条件であることも学びました。受け止めることにより相手の方は、自分の言ったことを分かってもらえている気持になるのだと感じました。そして相手の方の強調したところを繰り返し、相手の使った言葉で、返すことも大切なのだと学びました。相手の方にたくさん話していただくことが、カウンセリングでは大切なことだと思いました。

カウンセラーはクライエントが話をしたい、悩みを聞いてほしいとの心情であるということを原点としなければならない。話の内容はともかく、肯定の姿勢で聞き、クライエントが何を表現したいのかを感じ取り、問題の解決にあたる。それにはクライエントとの会話の中からカウンセラーとしての資質を高めてゆけばよいと思う。高齢者と会話をしていると必ず同じことを何回も話をする傾向がある。「その話はさっき聞いたよ」とカウンセラーが言ってしまうと、その先の会話が途切れてしまうので「その会話は余程思い出深かったのでしょうね」と言ってあげられれば会話が続き、心を開くチャンスを与えられると思う。

親は子どもを自分の理想のように育てたいと思っても、中々、理想どおりにはいきません。親は子どもを科学的にと思っても、子どもの心は動きません。子どもの心を読み取ることができません。聴き手（親）の気持ちをまず白紙にして、クライアント（子）の心に寄り添うようにできれば、自然と心を開くようになるとロジャーズは言っているのではないかと思われます。クライアントが自然に自己の道を探求し、その道を進んでいけるようにすることがカウンセラーではないかと思いました。あくまでもお手伝いであることだと思いました。

相手にたくさん話してもらえるためには、話を聴く際に何点かのコツが要る。①あいづちを打つ。②相手の言葉そのものを繰り返す。③相手の本当の気持ちを明確にする。④相手本人をありのまま認める。⑤相手が問題を掘り下げるために役立つような質問をする。前回の講座では4人1組で傾聴の練習を行った。1人が「今少し困っていること、気にかかっていること」について話し、3人が①、②に留意しながら聴くことに集中するという内容だった。

その中でひとつ発見があった。話をしているうちに、自分の抱えている問題の根が実は何だったのかが見えてきたのだ。それによってすぐ解決に結びついたとは言えないながらも気分的にスッキリしたのが不思議だった。この練習を通して、傾聴には相手の言わんとする真意をくみ取ろうとする心構えが必要であり、それが相手の心の変化を促すキッカケになるのだと学ぶことができた。

「カウンセリングの最強の技法とは、ほんものの傾聴である」という。私は、このことを繰り返し、肝に銘じていたい。そのために、学習を続けていたいと思っている。その最強の技法としての傾聴をきちんと身につけるためには、実践を伴ったトレーニングが必要である。そして、それが一朝一夕には身につかないことも実感している。

言葉にしたら、簡単なようだが、つらさ、悲しみ、怒り、苦しみなどの感情をもった人の話をひたすら理解し、受け止め、一緒にそこにとどまり続けることの困難さ。そこから逃げ出し、大丈夫・大丈夫と言ってしまいたくなる私。でも、逃げ出さないでそこに一緒にいようと少しでも思えているのは、かつて私の、つらさ、悲しみ、怒り、苦しみから逃げないで向き合ってくれた人がいたからである。その体験から、きちんと傾聴してもらえ、分かってもらえることが自分に対する自信につながり、自分らしくまた一歩を踏み出せるということを実感として覚えているからである。

4　傾聴の実際について

自分は口数が少なく、「もっと意見を出せよ」とよく言われた。酒が大好きで現役時代は何かの折によく職場仲間と安酒場に繰り込んだものである。酒席では「泣かせの石さん」ともいわれ、酒席ではもっぱら同僚の悲喜こもごも、グチなどの聞き役に回ることの多い呑み助ではあった。いま「傾聴」について学んでみると、改めて飲み屋でのやりとりは「酒席でのカウンセリングもどき」だったのかなあとしみじみ感じた。不平不満をただ聞くのみの場合も多いか愚痴ることから、マイナス感情を客観視できる状態となって、自分なりの解決策、落としどころを探る動きが出てくると酒のうまさも格別となる場面もあった。自分のモットーは「口は1つで耳は2つだから話しは2倍は聞こう」というわけだが、相手としてはそれなりに話しやすかったのかなと思う。「酒席カウンセリングもどき」のつたない経験ではあるが、この講座を通して、傾聴に関する理論や各種技法をできるだけ学んで「酒席カウンセリング」道のさらなる研鑽に勤めたい。

私は80歳代の実父と義母に対し、できるだけ傾聴の精神で向かい合おうと日々意識しています。２人とも、話好きで傾聴は30分位などと思っても、それではまったく時間が足らず、1―2時間はあっという間に過ぎてしまいます。双方の信頼関係ができていて、聴き手が理想的な態度で向かい合っていれば、話し手も安心して、心の内面を見せ、話してくれるようです。聞き手は話し手を無条件に受け入れ、肯定してくれるわけですから、話し手は話が進むにつれ、自信や元気が出てきたり、時には自分の真の気持ちに自然と気づけることがあったりもするでしょう。人が話し相手がほしいというのは、話す相手、つまり聴いてくれる相手がほしいということなのですね。年齢に関係なく、傾聴は人にとって、本当に大切なことだと思いました。

私は地区のボランティアを3年位やっております。今回は福祉作業所でダウン症の女性と作業を一緒にして彼女の生い立ちや現在の状況を聴きました。もうひとりの女性は作業がとても速いので「すばらしいですね」と私がほめたら、急に泣き出してしまいました。彼女曰く、私は家ではほめられたことがなく、家ではいつも「ばか」「ばか」と言われているのだそうです。多分家族も大変なことは分かりますが、彼女の気持ちも本当にかわいそうだと思いました。泣きたい心理状態になってしまったことはどうなのかな？

私は傾聴を学んで、実の母の話に耳を傾けていないことに気がつきました。そして実行してみました。母は今までになく明るい口調でたくさんの話をしていました。しかし傾聴にまだ未熟な私は聞いていることに疲れて途中で終わりにしてしまいました。が、母のいつになく楽しそうに話している姿を見て、少しずつ傾聴をがんばって、いろいろな場面で役立てて皆さんをそして自分も楽しい生活が送れたらいいと思いました。

これまで教えていただいた技法を用いて傾聴を行ってみたりしました。実際やってみると本で読むより難しかったり、反対にやさしく感じたり、相手や話題また自分自身のコンディションなどにより印象はさまざまでした。その中でも「感情の明確化」は非常に難しく、これは普段の生活の場でなるべく傾聴を心掛け、鍛錬していくことが大事なんだろうと思いました。傾聴をこれからも生活に活かし、他の人々とよい関係を築いていけるようにしていきたいと思います。

長年ある施設にボランティアとして行っている中でのことです。男性で末期のがん患者の方です。現在の心身状態から諸々をとつとつと話してくれました。その中で私の心にずっしりと重く響いた言葉があります。「言葉が発せられるうちにと思い、今朝妻にありがとう、と今までのお礼を言ってきたんだよ」とのこと。深い愛と感謝の気持ちが伝わり、人間として常時持ち続けなければならない大切な言葉、思いやりの心の強さを思い知らされました。余命を告げられて生きる日々をあきらめる事無く、如何に一日でもながく前向きに明るさを忘れないで、心穏やかに過ごせますようにとの思いを込めながら聴かせていただきました。互いの信頼関係が持てたということなのかな。最後に「あなたに聴いてもらってありがとう」と言いながら笑顔を見せてくれました。自分にとってもこれでよかったのかなと自問自答しています。

自分の身近な人たちに対して傾聴の技術を用いるのは少々難しいことだと思います。身近な人たち、特に家族に対してはお互い批判的になったり、他人に対してより厳しい点数をつけてしまいがちです。毎日接しているだけに、お互い遠慮がなくなっているからなんでしょうか。本来なら家族だからこそ毎日の感謝や有難さを伝えなければならないはずなのに、毎日のせわしない生活の中で心のゆとりをなくしてしまったり、感謝の言葉に照れを感じたり、素直になることの難しさを感じます。そんなことで今回は友達や知人の方たちとの中で傾聴の技法を用いてみました。技法のひとつのひたすら相手の話に耳を傾ける：真剣に聞いているとと相手の方は一生懸命話をしてくれます。自分の知らない世界をまたひとつ教えていただける、なんだかとても得をしたようなそんな気分になれることもあります。自分で経験したりすることはほんのわずかです。それが傾聴させて頂いた人の知恵や体験談では何倍にもなって自分の考えの枠を広くしてくれます。いろいろな事柄に対して寛大になれるような気がします。また次の技法も勉強してみようと思います。

まじめで成績のいい学生さんと話す機会があった。ふだんは、友達の話をニコニコしながら聞いているようなおとなしい女子学生である。私は、「どう?」と口火を切ってみた。「どうって。……うーん」彼女は初め少し戸惑ったような顔をしたが、「実は最近……」とぽつりぽつりと話始めた。今のクラスの人間関係のこと、実習先のこと、就職のこと。気がつけば、約束した30分がたっていた。その間、わたしは講座で学習したように、「ひたすら相手の言うことを理解し受け止めること」に専念しようと努めた。約束した時間がきたことを伝えると「ありがとうございました。なんか、久しぶりにいっぱいしゃべった気がします。話そうと思ってなかったことまでしゃべっちゃいました。聴き上手ですね」と言ってくれた。わたしは、その言葉に心の中で小さくガッツポーズをしながら「こちらこそ、ありがとう。あなたの新たな一面に会えた気がしてうれしい」と伝えた。傾聴技法と言えるほどの技法をいろいろ使ったわけではなく、意識的に積極的傾聴しようと考えて相手の話を聴いた結果、聴き上手と言ってもらったことはなんだかとてもうれしい体験だった。おしゃべりが大好きな私は、時々必要に応じて「傾聴スイッチ」を入れるようにしている。そして、時々は「ねえ、聴いて聴いて」と、聴き上手な友人をつかまえて、話を聴いてもらうようにしている。

第4章　現場での傾聴

1　さまざまな対応

ここでは、実際にあたって出てきた疑問や感想を中心に、特に大事な事柄や、傾聴を進めていく上で必要な高齢や認知症への理解について述べます。

高齢者の傾聴の場合、傾聴の学習と同時に対象者を理解することが重要です。対象者を本当に理解することは簡単ではなく、分かっているつもりでも実際にあたって戸惑ってしまうことが度々あります。一方、高齢者の傾聴では、いわば人生の先輩の話を聴けるわけですから学ぶことも多く感激することもしばしばあります。

傾聴でもカウンセリングでも基本は人間関係ですから、多くの人々との間でいろいろな体験をします。そして実際の対応の仕方はひとつではありません。その場や相手にあった対応の仕方が重要です。そのような聴き方、受け止め方は訓練していくうちにできるようになります。誰でも失敗を重ねながら適切な方法を習得していくのです。

ここでは実際に出された疑問や感想に対してコメントしましたが、これは一例として参考にしていただければ、と思います。

○ 傾聴の難しさ

相手の心に入ることとの難しさ

相手と同じレベルで考える、ということを頭では理解していても、実際に傾聴してみると、相談内容が自分にとっても身近であると、つい自分の考えを言ってしまいます。つまり日常の会話になってしまい、やはり共感の仕方の難しさを感じます。

コメント

ことさら日常の会話と違うようにしなければならない、と構えて聴く必要はありません。そして、相手から出された疑問や相手が知りたいと思っている情報などに関しては、傾聴者が分かることについては知らせた方がよいと思います。もちろん、相手の状況を考えて適切でなければなりませんが……。相手から意見を求められた場合も同様で、状況に合った意見を述べてください。しかし、相手から何も出されないのに自分の考えを述べることはしません。

相手と同じレベルで考える、ということは共感する、ということを意味していると思われます。共感する、ということは難しいことだと思います。話に感動したり、同情したりして話の中に自分が入り込んでしまい、相手と同じレベルになってしまうと共感ではなくなります。そうなると相手の話に巻き込まれ、さらに振り回されてしまうこともあります。共感は相手の感情を十分受け止め、まるでその人であるかのように感じることができるということです。ロジャーズは「as if（あたかもその人であるように）」と言っています。しかし、理解しても相手の感情の動きと同じになってしまわないということが大事です。はじめは難しいのですが、そのようなことが大事だと思いながら話を聴いていくうちに段々に分かって身に付いてくると思います。

自分のこととして受け止めてしまった

傾聴しながら、つらい体験や今の状況を自分のこととして受け止めてしまい、心が重くなってしまいました。私が落ち込んでいるのに気がついたようで相手側も心配そうにされていました。

コメント

話す人は自分の過去の話を聴いてもらいたいのです。そして聴く私たちは、懸命にそれを理解しようと努めます。それが共感的理解です。アメリカの精神医学者アーヴィン・ヤーロムは、共感を「患者（相手）の窓から外を見る」とうまく表現しています。相手の窓から外を見て相手が見ているように世界を見ようとするのが共感です。その意味で、ヤーロムは共感的理解をするように努めたのです。それでいいのですが、ここでは相手の感情に巻き込まれ、流されているように思えます。少し冷静に客観的に捉えるようにしてみましょう。

同じ窓から見たその景色であっても、自分が見たものと相手が見たものとは同じではないかもしれない、ということも頭に入れておいた方がいいと思います。つまり、同じ窓から見ても見える風景は違うのです。外の景色のどこを見たか、どのように見たかによっても違います。同じ風景を見たとしても、それがどう心に映ったかを考えてみるとさらに違いがあることに気づきます。自分が感じたように相手は感じていないかもしれません。だから真の意味では、相手と同じ見方はできないのです。自分が聴いた話から自分で思い込んでしまうことは、相手の感情に振り回されることになります。そこでまず相手がどのように感じているのかを確かめ、受け止めることが大事になります。それが共感的理解なのです。

盛り上がって何時間も話してしまった

話すのに夢中で、気づいたら、何時間も経っていました。

コメント

著者も以前、傾聴をはじめた頃、90歳を越えて元気な人に長すぎた面接をして反省した体験があります。その人は元気ハツラツで、生き方が実に素晴らしい人でした。周囲の人々に感謝しながらすごし、自分は幸せ者であると言っていました。その人は、自分の長い長い人生をとても興味深く話してくれました。最後まで聴いたのですが、話し手はかなり疲れたようでした。これも実は相手に「巻き込まれた」例です。この傾聴を考えると、話し手は自分が話したいと思ったこと以上に、聴き手が面白そうにしているので、止められなかったのではないかと思います。話し手にも、聴き手の要求に応えようとする意識が働いてくるのです。聴く側はそこまで考えず、楽しそうに話しているので止められなかった、ということになります。傾聴者がプロとしての意識をきちんと持っていればこのようなことはなかったでしょう。時間をきちんと決めておいて話を聴くということは、傾聴する人を守ります。話す人も一定の時間内で何を話すかを予め考えることができます。したがって話が延びてしまいそうな場合でも、時間がきたら躊躇せず終わりにします。「続きは次回」とすべきです。適切な時間は、高齢者の場合、長くて30分ぐらいでしょう。相手の様子を見ながら、時間をコントロールする必要があります。特に問題がある場合を除いて1人の人に長時間を費やすのも全体を考えるとマイナスです。小分けにして、次に回す方が相手のためにもよいと思います。

○傾聴での対象者理解

話を聴いている時に、話の内容ばかりでなく高齢や認知症など対象者に対する理解が大事だ、という感想を書いてくれた人がいます。

あなたは何しに来たの？

「あなたは何しに来たの？」と聞かれびっくりしました。
私は「今、少し時間があるので色んな人とお話して楽しい時間ができたらいいな、と思っています」と言ったら、それからはスムーズに戦争の話、苦労なさった話などをされ、手づくりの作品などを見せていただきました。

コメント

はじめて会った人に「何しに来たの？」と聞かれたら気を落とすでしょう。しかし、相手は決して「来ないで」とか、迷惑ということではなく、率直に「何をする人なのかな」と疑問に思っただけでしょう。つまり、これまでの来訪者やボランティアは、なにかをする人だったのです。たとえば、掃除をする、オムツをたたむ、身体介助やリハビリをするなどです。確かに傾聴の人は何もしないのですから、高齢者には不思議な人に映ったのかもしれません。中には、「おしゃべりばかりして掃除などしないと、叱られますよ」と利用者からたしなめられた人もいます。

率直に質問した人に、自分がここへ来た目的や傾聴の意味を説明すれば、納得してもらえます。認知症の人たちのこのような率直さはむしろ好感が持てるのですが、はじめて接した人は拒否されたものと思い、ショックを受けるかもしれません。そのような率直さを認知症の症状と考えて理解することも大事です。中には、結構配慮して接してくれることもあります。たとえばいろいろ話してくれて「このくらいでいいですか、役に立ちましたか」と言ってこちらを気遣ってくれたりします。

突然の攻撃的言葉に驚く

デイケアのホールで話していたSさん（85歳、男性）は、現役時代の自慢話を10分ほどしました。それをあいづちを打ちながら聴いていました。そして次のような会話がありました。

S：「接待が多かったがその中に外国人もいて、おいしいお寿司屋さんに招待したんだ」
私：「なんて言うお店ですか」
S：（突然語気を荒げ）「何が!?」
私：「すみません。私の間違いでした」

と、まるで喧嘩を売っているのではないか、と思われたようだったので

と頭を下げたら納得して許してくれました。そして別の話となりました。

コメント

認知症の人の中には、普通に話していても気分を害したり、話を取り違えたりして突然怒り出したりする人がいて、こちらがびっくりすることがあります。大概はすぐなおりますので、受容

的な姿勢で受け入れると、その後は普段の通りに接することができます。このようなことがあっても、認知症の人の対応は難しいと考えてしまわないことが大事だと思います。話だけではなく、突然行動されびっくりした経験が私にもあります。ある寒い日に、上履きを忘れ素足でいた私に気づいた認知症の人が、突然、話の輪から抜け出して玄関の方へ飛び出して行きました。びっくりして引き止めたのですが、力の強さにかないませんでした。結局、私のために上履きを取りに玄関へ行ってくれたことが分かり、そのやさしさに感謝したのですが、説明がなく突然行動するので驚いてしまいます。認知症の人にも他者に理解されないもどかしさや、無念さがあることを理解して傾聴を続けることが大事なのだと思います。

繰り返しの話題

デイケアセンターへ訪問した時のことです。Yさん（80歳、女性）がガラスに映った電球を見ていました。曇り日だったのでガラスに電球がよく映っていました。そして次のような会話をしました。

Y：「きれいな十五夜さんねぇ」

私：「ええ、そうですね」

しばらくして

Y：「きれいな十五夜さんねぇ」

私：「ええ、そうですね」

何回も同じことを一方的に言われ、これに答えていましたが、傾聴になっているのか心配でした。

コメント

何回も同じ繰り返しの発言によく対応できましたね。いつもいる周囲の人たちは何回も同じことを言われてうんざりしているかもしれません。そこで十分に聴かずに「分かった、分かった」と言ってすませたり、「今、ちょっと忙しいから」と言って十分相手になって聴いてあげなかったりすることもあると思います。そこのところを傾聴者が丁寧に聴くことに意味があると思います。ガラスに映った電球が月のように見えたことを伝えようとした背景には、いろいろな思いがあったと思います。月とは思っていないけれども、まるで月のように見えたことを伝えようと思ったのかもしれませんし、話し相手になってほしい気持ちがあったのかもしれません。

日常生活では、つまらないこととして片づけたり、認知症の症状だからと相手にしないようなことを丁寧に拾って心のつながりをつけることが傾聴者の役割の重要なところだと思います。自分が理解されたという安心感や満足感で気持ちが穏やかになります。

Yさんは、ガラスに映った電球を本当に十五夜さんと見ていたのかどうか分かりませんが、とても興味深い表現ですね。何度も繰り返したのは、話を続けたかったのかもしれません。さらに話を展開してみたら面白いですね。たとえば、「うさぎはいませんね」、「もう少しすれば、お星様も出てくるかしら」、「おだんごをお供えするといいですね」など話を楽しんでみるのも面白いと思います。そうするうちに打ち解けてYさんと仲良しになり、他の話も出てくるかもしれません。

高齢者の繰り返しの話には、周囲は「またか」とうんざりしますが、真剣に聴いてみるとその人なりの理由があるのです。幸い傾聴で聞く場合は、はじめてのことが多いので新鮮です。そのため聴いてもらうだけで満足する場合も多いのです。相手の人格を認め、個人を尊重するという原則は、認知症の人の場合でも同じです。どんな人であっても熱心に聴いたことにより問題が解決することは多いのです。聴き役はできるけれども、これが傾聴になっているか、という疑問は持つ必要がありません。十分、傾聴はできています。

重度の認知症の人

重度の認知症の人と会話は成立しなかったけれども、発声にうなづいたり、できるだけ笑顔で対応し、ずっと手を握ったりしていました。それだけでも十分対応できたと思います。スキンシップとノンバーバルな対応が大事だと思います。

コメント

その通りですね。言葉ではない会話ができたと思います。言葉を発することが困難な重度の認知症の人でもびっくりするほど気持ちはよく通じます。そして自分の意志を通すこともあります。言葉が通じないと周囲の人は無視しがちですが、本当のところはいろいろなことを感じています。あなたのやさしい対応はしっかり伝わっていると思います。以前、施設で重度の人と歌を歌ったり、絵を描いたりして楽しい時間を持っていました。ある人の座っている車椅子がテーブルからちょっと離れていたので、気になっていたのですが、あえてそのままにしていました。ちょうどその時、職員が来て車椅子を本人に断りもなく動かし、テーブル近くに寄せました。ちょうどいい距離になったのですが、それ以後その人は歌も歌わず、交流もしなくなってしまいました。そばにいた私にはその人の気持ちがよく分かりました。断りもなく自分の座っている位置を変えられたことがいやだったのだと思います。無言の拒否です。人格を無視されたという気持ちが強く伝わってきました。この経験から一人ひとりの気持ちを大事にしなければいけないことを学びました。

耳の遠い人

耳が遠いようで、意思疎通ができなかった人がいました。

コメント

耳の遠い人は、話しかけに注意が必要です。予め職員に左右の耳のどちらが不自由か聞いておくといいですね。本人は十分分かっていますから、聞き取れる方の耳に近づいて話します。高齢者は高い音よりも低い音の方が聞きやすいので、近づいて普通の声で話してみてください。それでも無理な場合、職員はその人にあった工夫をしていますので、その人について職員に聞いてみると、コミュニケーションの方法を教えてくれます。あきらめず、ゆっくり話しかけてみれば、大抵の場合、意思疎通が可能です。耳の遠い人は、人間関係をつくることが不自由なため、いつものけ者にされがちなので、丁寧に聴くとそれだけでも喜んでもらえます。次第に、いろいろなことを話してくれるようになります。

デイケアに来ていた一人暮らしの人

デイケアに一人暮らしのGさん（73歳、男性）が来ていました。他の人と話すことがなく、寂しそうにしていたので話しかけました。

私：「今日はどちらからいらっしゃったんですか」

G：「F市のはずれのAというところからきました」

私：「ここは楽しいですか」

G：「あまり親しい人がいないので」

と言った話からどんどん話が続きました。

G：「今日はとても楽しかった。また来てくださいね」

と、最後に言われました。

コメント

とてもうまくいきましたね。一人暮らしの人々にとっては、デイサービスへ来て人と接することは本当に貴重な機会でしょう。たまに外へ出て皆と一緒になったので、話をすることに躊躇する気持ちがあるでしょうから、こちらから話しかけることが大事です。基本的にあいさつからはじめて天気、趣味、好きな食べ物などの身近な話題から入っていくと抵抗なく話がはずみます。話すだけで脳を刺激し活性化につながりますし、孤独感も癒されます。傾聴ボランティアの仕事が確実に生きるのはこのような対象者です。現に、話すことが楽しみでデイケアに通ってくる人もいます。

話題がない、話が続かない

相手の人が何も言わないので、何をどのように話したらよいか分かりませんでした。言っていることもよく分からないし……。

コメント

やはり初心者によくある悩みでしょう。長く傾聴を続けていると自然に相手の気持ちが理解できるようになり、相手に合った話ができるようになります。話題には事欠くことがなくなるようになります。若い聴き手へのアドバイスとして、話題が何もなくなった時は、「戦争中はどこにいましたか」、90歳以上の人には、「関東大震災の時はおいくつでしたか」などを話題にするとよいと伝えていますが、もっと身近な話題、たとえば着ている洋服、アクセサリー、今朝の食事に関することなどから話に入れば、結構、話は続きます。しかし、話したくない時、身体が不調な時などは誰にでもありますから、無理しないことも重要です。特別に気負うことなく、あいさつ、自己紹介から入れば、自然と会話はつながります。この辺は経験がものを言うかもしれません。日頃から高齢者に関心を持ち、傾聴を長く続けているとこのような心配は全くなくなります。

語りかけに無関心な人

語りかけに無関心な人がいます。どうしたらよかったのか分かりません。

コメント

なぜ語りかけに無関心なのか分かりません。話したくないのか、話す能力がないのか、それとも警戒しているのかもしれません。無理をしないで他の人に話しかけることで時間を取りましょう。他の人と話しているうちにのってきて、次第に話に加わるかもしれません。また、次回に行った時に話してくれる人もいます。決してあせらずにあわてなくていいのです。高齢者はいつでも待ってくれます。

無口な人

聴きに行ったのに、話してくれませんでした。

コメント

中には、いつも黙っている人もいます。男性は比較的無口な人が多いようです。1人でしょんぼりしていることも多いのですが、話したくないわけではないし、仲間に加わりたくないわけでもありません。そのような時には、是非こちらから話しかけてください。無口な人も話しかけてもらうと嬉しいものです。しかし、十分な応答が得意ではないかもしれません。また、しゃべり慣れていないので語彙数も少ないでしょう。その辺をよく理解して、丁寧に聴き、話してよかったと思えるような会話をするように心がけてください。実習では、耳の遠い人、無口な人こそ、傾聴の対象として上手に対応してほしいと思います。そのような人たちは、長く付き合っていくうちに、親しみを表現してくれるし、また、この人がこんな思いを秘めていたのだと驚くようなこともあるでしょう。日頃、発言の少ない人は、結構周囲の状況を見ているものです。だからいろいろなことを知っていて、十分に周囲のことを理解しているものです。
また、数名いるところで、全体に向けて話しかけても対応してくれません。その場合には、個人的に話しかけてください。その場に数名いたとしても、対応はいつも1対1と考えておいた方がいいと思います。

話題がころっと変わってしまう人

話題がころっと変わってしまって困りました。

コメント

基本的に相手の人の話題についていくことがよいと思います。いろいろなことを聴いてもらいたい気持ちがあるのか、またはさほど大きな問題がないのかもしれません。何回も聴いているうちに、関心のある問題が中心になってくるかもしれません。大切なのは、いつでも相手にそって聴くことです。ほとんどの場合、傾聴は訪問という形態を取っており、毎日会っているわけではないので、いつでも新鮮な感じで受け止められます。ここが訪問による傾聴のよいところです。

○傾聴で大事なこと

実際の場面で大事だと思うことを積み重ねていくとよい傾聴ができます。

役割をはじめに明確にする

施設の利用者は、何のために私たちが来たのか分からないので、はじめにしっかり自分の役割を話した方がよいと思います。

コメント

先に述べた通り、施設利用者の中には傾聴に戸惑いを感じる人もあります。しかし「こんにちは。私はAと申します。今日は皆さんとお話をするために来ました。ここで話されたことは他へは伝えませんので、安心して何でもお話してください」などと、きちんと最初に話されたら相手の人も安心するでしょう。何しに来たのだろうか、という心配もなくなります。また、このように前置きをすることで、日常会話とはちょっと違った傾聴活動がこれからはじまるのだという仕切り直しをすることができ、話し手はあらためてしっかり話し、聴き手は丁寧にきちんと聴く、ということにつながります。

自分自身が安定している

話し手が安心して話ができるためには、話しやすい雰囲気をつくることが必要です。そのためには自分自身が安定していることが必要だと思います。

コメント

全くその通りです。ロジャーズも何でも話せる場がカウンセリングであると言っています。場の雰囲気がよいこと、心理的にゆったりとして落ち着けること、傾聴者が安定していることなどが条件とされます。

しかし、いつでもそのような状態をつくることはできません。傾聴者自身が問題を持っていたり、家族の問題に振り回されていることもあります。また、身体の調子が悪いこともあるでしょう。そのような時には安定した状況はつくりにくいのですが、自分の問題は一時棚上げにして、相手の話を聴くことに集中するようにします。はじめは、なかなかそのようなことはできないのですが、訓練していくうちにできるようになります。傾聴に望む場合には、他に気が散ってしまわないように心身の状態を整えます。空腹でなく、トイレも済ませ、喉が渇いていると声が出しにくいので適当に水を飲むなどもしておき、聴くことに全神経を集中する習慣をつけます。

傾聴を続けるために、日頃から自分の問題は整理しておく努力が必要です。特に自分が相手と同じ問題を持っている場合など、客観的な立場では聴けず、どうしても相手の感情に巻き込まれてしまいます。そのような傾向が強すぎたら、他の人に代わった方がよいかもしれません。

広い価値観、豊かな人間性

自分の視野の狭さ、許容量の少なさに気づきました。まず自分自身が、幅広い価値観、豊かな人間性を持てるように、自分を育てる必要があると思いました。日頃から努力しようと思います。

コメント

そうです。傾聴するためには、常に努力が大事です。努力といっても、小手先の技術や知識ではなく、真の意味での勉強が大事です。一般常識、社会のこと、生き方のことなど、あらゆる知識と理解が必要です。その上で、もっと大事なことは、知識そのものでなく人間性に対する理解と受容だと言えます。たとえば、自分と価値観が違う人を理解し、受け入れることはかなり難しいことですが、いろいろな人々と交流すること、知識を深めることにより可能となっていくでしょう。そうしていくうちに、視野がひろがり、人間性が豊かになります。

結局、傾聴やカウンセリングは人を理解し、関係を持つことであり、そのための努力が必要です。そうしながら、傾聴で出会いを重ねた人が、元気になるのを見ることは大変嬉しく、聴いている私たちも元気になれます。いわば育ち合いですね。ここに傾聴の醍醐味があり、喜びもあります。

ノンバーバルの大事さ

不安そうな人の手をさすりながら歌を歌っていたら、不安が消えてしまったようでした。人類のはじめはきっと、身振り、手振り、表情で意思疎通をしていたに違いないと思います。だからノンバーバルによるコミュニケーションはずっと心の奥に入り込んでいけます。心を開かない人に笑顔を向けていると、表情をやわらげて見てくれるようになりました。どこも何ともないと言っても、身体の調子が悪い時があるから……。

コメント

確かにノンバーバルの要素は大事です。ノンバーバルの大切さについては、私たちは経験から学習します。実習での出来事とは別に、以前の経験を書いてくれた人がいました。

「看護師から、ナースコールを頻繁に押す末期ガン患者さんの見守りを依頼された時、ベッドの横のいすに腰掛け無言のまま時間が経過した時がありました。しばらくすると患者さんの方から手を差し伸べてきたので、私はその手を両手でにぎりしめ、そのまま無言の時間が流れていきました。私はほんの2、3の言葉をかけてみました。そしたら患者さんが涙を流しました。私も涙が流れ、2人で静かに泣きました。無言でも心と心が通じ合うのだなと感じた瞬間でした。しばらくそうしているうちに患者さんの方から手を離していきました。私は時間を共有していこうと決めてベッドの横のいすに腰掛けていただけでした。余計な励ましはいらず、ただそばにいるだけでその方はよかったのでした。患者さんに安心感を与えたのだなと思いました。」
経験の中に、ノンバーバルの大事さが語られています。

○ **傾聴で感動したこと**

人生の先輩の話

人生の先輩たちの話を傾聴すると、自分の生き方、すごし方を自分自身に問いかけるよい機会を与えていただけた、と感謝の気持ちでいっぱいになります。特に100歳を超える人たちの話には感激しました。

コメント

最近は多くの施設に100歳を越えても元気な人がいます。こうした人から長い人生を一生懸命に生きてきた話を聴くと、とても感激します。自分の人生にも役に立ちそうな知恵もいっぱいつまっていたりします。
高齢者は用心深く、毎日自分なりの運動をしたり、周囲の人々に感謝したりしてすごしています。自分のことは自分で、と頑張っている人もいます。傾聴をしていてよかったなあ、とこんな時に思います。

プロの人の仕事に目からうろこ

ある時、機嫌が悪い人がいてどうしたらよいか分からないので、モタモタしているところへ、「お茶を入れましょうか」と言って職員が、さっと、お茶と小さなお菓子を持ってきてくれました。それで一件落着。その人はすっかり機嫌をよくして話を聴くことができました。さすが、プロ！と感心しました。利用者の気持ちがよく分かっています。

コメント

施設の職員は対象者を熟知して対応しています。その対応には驚きますが、職員が忙しくてじっくり話を聴けないこともありますので、他の者が傾聴することも必要で、互いに欠けた部分を補い合いながらケアすることが重要なのでしょう。傾聴も経験を積むと、対象者との間に信頼関係がつくられて、対象者から深い話を聴いたり、大事なことを相談されたりして、職員とは違った立場で大事なケアの一端を果たすことができます。

笑顔はあなたのおかげ

はじめは目も合わせず落ち着かないA氏の話を、今回は1時間、ほとんどそばで聴きました。職員から「今日はお話を聴いてあげてください」と言われ覚悟ができました。話の中で「いつでも勉強が大事、人生、努力する者が勝つ、困難に負けてはだめだ」と励まされ感激しました。話の途中で、A氏自身が今どこにいるのか分からなくなってしまうような場面がありましたが、話が盛り上がり楽しくすごしました。最後に職員から、「ずっとそばにいて話を聴いてくれたので、今日のA氏はとても落ち着いていました。あの笑顔はあなたのおかげです」と言われて傾聴の大切さを知りました。

コメント

よかったですね。A氏はとても嬉しかったのでしょう。十分話を聴いてもらって理解されたことが生きがいにつながったのかもしれません。このように施設では分かっていながら手が回らないことがあります。そのような部分を埋め合わすことでも十分、傾聴の役割が果たせます。傾聴はただひたすら聴く、ということですが、そのことで人は変化するものです。実際にそれを体験できたのだと思います。

繰り返しますが、対応の仕方は1つではありません。相手、状態、状況、場面によって対応の仕方は変わります。沢山の人に会って自分なりの方法を見出してほしいと思います。

2　施設での継続実習の感想

施設で4日間実習した人に感想を書いてもらいました。研修で傾聴の実習をしているところは少ないので、これから施設訪問による傾聴を考えている人たちの参考になればよいと思います。

○ グループホームでの実習

1日目

職員にホールへ案内されて皆さんに紹介してもらいました。男女9名が利用されており、3名の高齢者が集まっていたテーブルにつき、自己紹介して「今日は皆様とお話がしたいと思ってお邪魔しました。ここでお話したことは、他では話しませんので自由にお話ください」と言ってから「今日は暑いですね」、「何をするのが好きですか」など話しかけても続かず困りました。その後、自分の部屋に戻らなかった女性の人と、お茶を飲みながら趣味のお話をし、それから、個室にいて出てこなかった女性の人を職員の人が紹介してくれたので話しました。今日は暑くて身体の調子がよくないこと、好きなTV番組や家族のことなどを話してくれました。傾聴だけではなく、それから一緒に掃除したり、歌を歌ったりもしました。あまり話をしない人も歌はしっかりと歌っていました。それから皆で散歩に出かけました。歩きながら通りかかった乳母車に乗った赤ちゃんを見て「かわいいわね」と言っていた人や、道ばたに咲いている小さな花を見つけて「きれい」と言っている人もおり、よく観察しているものだと感心しました。

コメント

認知症対象のグループホームは9人が1ユニットで、普通2ユニット18人くらいの規模が多いようです。はじめはなかなか話してくれないような人も続けて通っているうちに次第に話してくれるようになります。気長に続けましょう。傾聴は、座って面接の形体をとって話すだけでなく、施設の中のいろいろな場所や外を散歩しながらでもできます。むしろそうした方が話しやすく、話も広がります。型にはまらずリラックスして気軽に話しましょう。「道ばたの草花」がそっと咲いているのを見つけて「かわいいわね」とか「きれいね」などと高齢者が言うのを聞くとちょっと感動しますね。私たちが日頃忘れているような美しいもの、愛らしいものに気を向けられるやさしさにこちらが反省させられます。

2階で2回目の実習でした。利用者さんたちが私のことを覚えていてくれたのは、予想外でとても嬉しく思いました。2人の利用者さんの間に入り、話を聴かせてもらいましたが、話題が広がり楽しくすごしました。次に、別のテーブルで女性の人と話しましたが、この人は「最近肩が痛い」としきりに身体のことを訴えるそうです。家族のこと、両親のことなど繰り返し話したので、気持ちがよかったのではないかと思いました。

コメント

1週間前に訪問したことを覚えていてくれたのは、こちらにとっては嬉しいものですね。今回は短い時間で少しずつ話を伺いましたが、多くの人と仲良くなることがまず大事だと思います。そのうちにさらに深く話を伺ったりしながら1対1の関係ができるものと思います。ここでも身体のこと、実家のことなど気になることを話題にしている人がいます。話を伺っているうちに軽い身体の病気はなおっていくことさえあります。丁寧に聴きましょう。

3日目

今日は1階で9名の人が利用されていました。1人でお茶を飲んでいた女性の人に話しかけると嬉しそうに話してくださいました。とても話し好きで、私が口をはさむ間がないくらいで、話を楽しんでいただけて嬉しく思いました。男性の人に話しかけると同じことを繰り返して話していましたが、聞いていた他の利用者さんたちは「またはじまった」という感じで黙っていました。私ははじめて聞く話だったので楽しく聴きました。

コメント

3回目でもう慣れてきましたね。話しかけられるとほとんどの人は嬉しいものですから、積極的にこちらから近づいていくことです。報告のように何回も同じ話を聴かされている人は、ややうんざりして、「またか」と思うのですが、訪問者としての私たちには、はじめての話で新鮮に聴くことができます。そこがよいのです。聴く方も話す方もその時間を充実してすごすことができます。

4日目

今回が最後の実習でした。男性の利用者さんの隣に案内されました。認知症の人で、私のことが分からず、1人でずっとぶつぶつ言い続けていました。一生懸命聴こうとしても分からなかったのですが、内容は現役で働いていた時のことのようでした。ずっとそばにいたので、気難しそうな利用者さんですが最後には仲良くなれました。

次に、女性の人と話しました。前回、個室へお邪魔して話した時のことは覚えていないようでした。この人は普段あまり話さない方だそうですが、得意分野になると沢山の話をするということが分かりました。施設の利用者さんたちは「話さない」人と「話す」人の差が大きいことに気づきました。前回、話が進まないことで困っていましたが、利用者さんが話してくれるまでは今回は待つことにしました。言葉はかわさなくても、お茶を飲み、時間を共有できるのも悪いことではないのでは、と思いましたので。

コメント

とてもよいところに気づきました。話が理解できなくても、こちらの気持ちは通じるものです。「あなたのことを大事に思っていますよ。お話の内容は理解できますよ」というメッセージを持っていると、その思いは通じるものです。そして最後に握手をしてくれたりして、その人なりのメッセージをこちらにも伝えてくれます。それから、得意分野は誰でも人に話したいものです。傾聴を続けているうちに相手の得意分野は分かりますので、そこを話の中心にしていくと話が深まります。さらに付け加えると、高齢者は長く生きてきた中で自分が一番活躍していた時代を誇りに思っています。どんな人にもそのような時代がありますので、その時代やその時にどのような活躍をしたかについて話題にするとよいと思います。

話すことの楽しさを体験した人は、どんどんおしゃべりになり会話を楽しめるのですが、体験をしなかった人は、話すのがおっくうになるかもしれません。だから、話す人とそうでない人の差は広がるばかりです。傾聴する人が、話すことの楽しさへ誘ってあげられたら素晴らしいですね。

○特別養護老人ホームでの実習

1日目

はじめての実習でとても緊張してしまいました。利用者さんにも影響を与えてしまったようで「あなた、どこか具合が悪いところあるの？　大丈夫？」と心配されてしまいました。皆さんが集まっているところで話を聴くのも大変でした。しかし、職員がとても配慮してくださり、一人ひとりのことを紹介してくださいました。帰る頃には、施設の雰囲気にも慣れることができました。

コメント

この人は、施設へ行くのも、まして実習するのもはじめてだったようで、かなり緊張していました。そのような心配は、人生の先輩である施設利用者はすぐに察知し、配慮してくれます。基本的には利用者はとてもやさしいので、はじめてでも何の心配もいりません。知っていることで答えられることなら、親切に教えてくれたりします。特に訪問者には丁寧に接してくれます。

2日目

前回に比べて緊張が取れ、話す時間が多く取れました。話し好きな利用者さんがいたこともよかったと思います。数人の中から1人だけと話してよいのか、少しでも多くの人と話した方がよいのか迷いました。今回はあまり緊張せず、ありのままでやってみたところ、場の雰囲気にも慣れました。

コメント

2日目で慣れたのだから、すごいですね。はじめはできるところからやっていくことです。「○○でなければならない」と思わないで率直に話しかけ、話を聴くようにすることが大切です。そうしていくうちに次第に話題が広がっていきます。

3日目

利用者さんの中に、「お花きれいですね」と言っても「そうね」で終わってしまう人がいて、そのような人とは話の流れをつくれません。それに、しゃべるよりも聴いていたいという人もいると思われるので、なかなか傾聴は難しいと思いました。3回目なのでだいぶ慣れてきました。

コメント

静かにしていたい人に無理には話しかけないでよいのです。ただ、人はほとんどの場合、話しかけられると嬉しいし、自分が大事に扱われたと感じます。どんな話しかけ方がよいのかは決まったものはありませんから、試行錯誤をしながらよりよいものを目指していけばよいのです。

４日目

振り返ると、最初の頃は、実習生として不慣れな者が突然訪問して、担当者や利用者の皆様にご迷惑ではなかったかと思っていました。しかしながら、担当者から利用者さんの刺激にもなり、認知症の人も態度が落ち着いたと言われて、ほっとしました。はじめて私が来た時は、完全に無視されていたのに、今回は笑って手を振り返してくれ、担当者からも「また来てくださいね」と言われ、とても嬉しく思いました。その言葉でまた頑張れそうな気がします。

コメント

訪問は迷惑ではないかと思ってしまうのですが、受け入れてくれる施設では、訪問者が利用者によい影響を与えてくれると考えています。いつもと違う人がいること自体が利用者には刺激となり、利用者も喜び、生活にハリを与えてくれることが分かっています。だから遠慮せずに積極的に関わればよいのです。はじめは、違和感を持つ利用者がいるかもしれませんが、そのような人も実際には話したいのです。話ができるということは人間関係を築くことであり、人としての喜びにつながります。そう思って是非、傾聴を続けてください。

3　在宅での傾聴

施設での傾聴は、種々の意味で保護されている中での実習です。失敗してもフォローしてくれる人がいるし、基本的に安定した状態で傾聴ができます。利用者自身も施設では傾聴以外の人間関係があるので、比較的話す機会もあり、孤独ではありません。しかし、在宅で生活している高齢者の中で、日中だけ1人、または完全な一人暮らしの人たちの傾聴には、種々の配慮が必要です。

◯　一人暮らし

在宅で暮らしている高齢者の中で、特に一人暮らしの人や、家族が勤めていて日中1人ですごしている人は、人間関係を持つことが少なく、話す機会や外出する機会も多くはありません。

高齢者がテレビ鑑賞と昼寝だけを繰り返すような毎日をすごしていれば、頭の働きも衰え、すぐに認知症予備群になってしまいます。故に在宅での傾聴が重要であると認識されてきました。また、一人暮らしにはさまざまな危険も考えられます。そのため、傾聴者は話し相手としてだけではなく、地域の高齢者の見守り役としても期待されています。実際、地域のケアマネージャーは多くの一人暮らしの高齢者の生活を気がかりにしています。

○ 在宅での傾聴の問題

このように在宅の高齢者には傾聴の必要性が高いのですが、実施するには実際上の問題は多く、在宅へ訪問しての傾聴は難しいのが現状です。たとえば、1人で生活している高齢者宅を訪れる場合、種々の誤解が生じることも予想されます。極端に言えば詐欺などの犯罪につながるような疑いを持たれる場合もあるかもしれません。家の中に入るのでプライバシーにも相当気をつけなければなりません。傾聴の内容、方法にも十分注意が必要です。

そのような意味では、在宅での傾聴はボランティアの領域を超える部分が多く、実際には公的な機関による専門家の仕事にするべきです。事実、市の責任の下に臨床心理士が実施していた市もあります。しかし、そのような事例はきわめて稀で、必要と思われていても実際には実施されていないのが現状です。

○ 在宅訪問の実際

どのような人を対象にするかについて、議論しなければなりません。たとえば必要性が高いと言っても、一人暮らしをしている高齢者の中には、自ら選んで独居生活を送っている人もいるので、必ずしも訪問を喜ばない場合もあります。訪問する人との信頼関係を築くことも重要です。対象者を選ぶには種々の配慮が必要で、訪問は簡単にはできません。そこで、傾聴がうまく進み、問題なく実施できるために私達が実施した際には条件を設定しました。

その条件は、対象者をケアマネージャーや包括支援センターからの紹介の人に限ること、訪問者は2名1組とし男性だけでは行かないこと、事前にケアマネージャーと一緒に訪問の確認を取ること、訪問後は指導者へ報告し訪問についての指導を受けたり、ケースカンファレンスを行うこと、というものです。いくつかの条件の下で実績を積みながら、訪問を本格的に実現させようとしているのです。

訪問計画をまとめると次のようになります。

＊訪問計画

・対象者：日中独居者であり、包括支援センターやケアマネージャーから紹介された人で、事前に担当ケアマネージャーと訪問し、傾聴について説明して了解を得た人。
・目的：傾聴による日常生活の活性化、ストレス解消など。
・訪問人数：２名１組（男性のみのグループをつくらない）。
・訪問時間：利用者とボランティアとの話し合いで決定されるが、原則1時間程度とする。

このような条件を踏まえて実際に一人暮らしをしている人を訪問し、成功しています。その一例を紹介しましょう。プライバシー保護のため実際とは違いますが、在宅による傾聴を行う点で重要なことは伝わるようにしてあります。

◯ 事例1　Yさん（83歳、女性、日中独居）――デイケアへ行くようになった

Yさんは教員でした。娘さん（Hさん）も今、現役高校の教員として活躍しています。親子2代教員の家庭で、Hさんはお母さんの教員の姿を見て育ち、あこがれて教員になりましたから、お母さんの上をいくような熱心な先生です。Hさんの生活スタイルは、朝早く出かけ、夜遅く帰宅することが通常です。

Yさんは長いこと小学校に勤務し、とても熱心に子どもたちの指導にあたりました。子どもにはもちろん人気がありましたし、親からの評判もとてもよかったので、職業生活としての人生はとても有意義なものでした。退職してから、一時期は目的を失ったような気落ちした状態でしたが、次第に家事を楽しくこなしていくようになりました。しかし、ご主人を10年前に亡くしてから、しばらくは寂しげで、人生のハリをなくしたように見えました。それでも、忙しいHさんを助け、家事いっさいを引き受けて元気にすごしていました。高年齢者にしてはよく頑張っており、その様子に娘のHさんも感謝していました。

認知症のはじまり

しかし、2、3年前から、Yさんは時々言ったことをすぐ忘れるようになり、「今日はこれこれの買い物をしておいてください」とHさんが書いたメモを見るのを忘れ、買い物をしていなかったり、Hさんが干して出かけた洗濯物を取りこまなかったりと、日常生活の中で忘れることが多くなりました。食事もつくらないようなので、Hさんが朝、職場へ出かける前にお弁当をつくるようにしました。お弁当は、帰ってくるときれいになっているので食べているようでした。Hさんは、このような状態では、とても面倒が見きれなくなると感じ、今後のことが心配になって、介護保険を利用しようと思い、ケアマネージャーに相談しました。ここでHさんと地域のケアマネージャーとの関わりができました。Yさんの場合は、認知症はさほどの重い症状ではなかったので、要介護1の認定が出ました。そして、特別なケアを受けることなく、1日の大半を誰と話すこともなく、1人ですごしていました。このままでは認知症は進むばかりですし、危険なことがあるかもしれないので、ケアマネージャーは熱心にデイサービスに通うように誘ったのですが、頑として聞き入れませんでした。ケアマネージャーはあきらめず、Yさん宅の近くへ行った時などちょっと寄って、話し込んだりしてデイサービスを勧め続けました。

ケアマネージャーとのつながり

ケアマネージャーは2年間、Yさんを訪問し続けました。そのうち、本人が「デイケアなどへ行くのはいやだけれども、家へ来てくれる人がいて、面倒を見てくれるのならいい」と言い出しました。そこでヘルパーが週1日訪問するようになりました。もともと教員をやっていたYさんは人が好きで対人関係もうまいので、ヘルパーと仲良くなって、毎週ヘルパーが来る日を楽しみにするようになりました。半年ほどその状態を続けていましたが、残りの4日間は1人きりですし認知症も進んできたので、さらにヘルパーによる援助を1日増やしました。Yさん自身の表情が変わり、楽しげな様子が見え、Hさんも安心して勤めることができるようになったと喜んでいました。週2回のヘルパー訪問が半年ほど続いた頃、それでも次第に残りの1人きりの日が心配になってきました。さらに症状が進んできたのです。

傾聴ボランティアの訪問

この頃、ケアマネージャーから傾聴のための訪問要請がありました。要請を受けて2人の女性がYさんを訪問しました。ボランティアの方は慣れないので緊張していましたが、Yさんはこれまでにもヘルパーを受け入れたりしていたので、問題なく傾聴ボランティアを家に入れてくれました。最初はなかなか話が出てこない様子でしたが、一緒にお茶を飲みながら次第に打ち解け、世間話など結構楽しそうに話してくれました。ボランティアもあまり疲れることなく、傾聴をして帰りました。帰途、訪問の内容について2人で話し合い、後日、面接の様子を報告しアドバイスをもらっています。

デイケアセンターへ

このような訪問をしばらく続けた結果、Yさんと傾聴ボランティアとの間にはよい関係が築かれ、Yさんの頑固さもだいぶやわらいで、穏やかに打ち解けて話すようになりました。そこで、ケアマネージャーを通してデイサービスを勧めました。傾聴ボランティアの人たちが想像したよりずっと簡単にYさんが同意して、デイサービスへ行くことになりました。もともと社交的な人であり、人が好きなので同年輩の人々との会話は楽しいようで、今はデイサービスを楽しみに嬉々としてすごしています。

コメント

このケースは傾聴ボランティアが在宅訪問したことにより、対象者に合ったケアが実現できた報告です。必要とされるケアを受容するためにも傾聴活動が役に立ったということです。というのはケアを受け入れることは、これまでの生活パターンを変えることにつながるので、対象者にとっては重大な問題で、簡単に受け入れられない場合が多いのです。そのために対象者の考えを十分受け止めた上で、どのようなケアが必要かを話し合い、そのことを対象者に受容してもらう必要があります。そこに傾聴ボランティアが有効に働きました。

このケースで、もし傾聴ボランティアの訪問の経過がなかったらどうなっていたでしょう。ひょっとしたら、Hさんが仕事をやめて介護するとか、Yさんは施設入所することになったかもしれません。Hさんが仕事をやめることにより経済的負担も増しますし、いずれ1人で見守るには限界がきます。Yさんは施設入所をはじめから拒否していたのでかなり抵抗があるでしょう。当初は、その拒否の強さから今のように変わることは想像できませんでしたが、長くゆっくり相手に合わせて面接を続けたことによりYさんに柔軟性が出てきたし、他の人と人間関係を保ち、話をすることの楽しさを体験できたのでしょう。その結果、Yさんは適切なケアを受けようと決心したのです。

在宅訪問には大変なこともありますが、話し手に話を合わせて集中できるという点では施設での面接より有利です。何よりも、Yさんは在宅訪問による傾聴で、日中1人でいるさびしさ、つまらなさ、不安などを癒すことができ、人間関係をつなぐことの重要性や楽しさを理解しました。そのことが次のステップを踏み出す勇気を与えたのだと思います。この訪問により、対象者と生活を共にする家族である娘のHさんもその心理的負担を軽減することできました。

事例2では傾聴ボランティアが一人暮らしの高齢者を訪問した時の記録を基に在宅訪問による傾聴のあり方を考えてみます。

◯事例2　Fさん（85歳、女性、独居）
――訪問を楽しみにしてくれるようになった

1日目の記録（◯月1日）

玄関のチャイムを鳴らすとFさんが出てきましたが、すぐに何も言わずに家の中に戻ってしまいました。前もって連絡してあったので分かるはず、と思っていると再び玄関に現れました。

「こんにちは」と言うと「どうぞお入りください」と言われて縁側から入りました。家の中に通され、しばらくして「身近な話題でなにか問題などありますか？」と話を向けると「近所の猫がしょっちゅう来て困るんです。小さな池の金魚を食べてしまわないかと心配なの。うちの犬は猫が来ても見ぬふりをして気にもかけないの。吠えたりもしないから役に立たないので」と言っていました。そのうちに話題が自分自身のことに移り、女学校の頃の話をしだしました。「朝6時に家を出て学校までバスで通ったこともあったの。バスの値段が50銭でした」と、昔の話は楽しそうでした。それから20代で結婚して当地へ来た時は、近所には何もなく買い物をするにも電車に乗って行ったことや、ご主人がまじめな人で朝から晩までよく働き、取った給料は全部家に入れてくれて助かったことなどにおよびました。一生懸命あいづちを打ちながら話を聴きました。話しているうちにFさんは次第に元気な顔つきになり、若い時は、さぞ張り切って毎日を送っていたのだろうな、と想像できました。そして、あっという間に1時間過ぎてしまいました。Fさんはまだ話したそうでしたが、時間が超過しないうちに失礼しました。

コメント

訪問者は、はじめての在宅訪問であり相当緊張したようです。2人で訪問することは、1人よりも心強いのですが、互いに気持ちが通じ合いしっかりと意志疎通ができていなければならず、容易な面だけではありません。ペアで何回も続けていくうちに息が合い、それぞれの長所を生かす面接や会話ができるようになれば、1人よりも効果をあげることが可能になるでしょう。また、訪問者の2人がいい関係で話を聴いてくれると、話し手にとっても話がしやすく、聴く人が2人なので熱を込めて話すことができます。つまり、2人で話を聴くことは効果を倍加させることができる反面、苦労も多く失敗もあり得ることを銘記しておくとよいでしょう。

1回の訪問では、2人の息も合わないと思いますが、記録に述べられているような状況で面接が進められたのは、上出来だと思います。身近な話題から入り、話しやすいような雰囲気をつくり出し、聴いてほしそうな話題について十分聴く、といった流れです。

ここで、話し手であるFさんは初対面である傾聴者との関係を築くことができています。そして、自分の話を熱心に聴いてくれる人ということで傾聴者に信頼感を持つこともできました。話し手が、もっと話したそうな素振りを見せたのは取りも直さず、話すことが楽しく、会話がうまく進んだという証拠です。

ここで大事なことは前にも述べましたが、話がうまく進んでも決まった時間にはやめることです。そうすることによって、話し手は決められた時間でどの程度話すことができるかの見当がつくようになりますし、続きを次回の楽しみにすることができて期待して待つようになります。傾聴でもカウンセリングでも、時間はきちんと守った方がよいのです。

初回訪問により次回からの訪問がどのようになるか予測ができます。それほど初回は大事なのです。

2日目の記録（〇月8日）

チャイムを鳴らし、しばらくするとFさんが出迎えてくれ、また縁側から入りました。庭にたまたまアジサイが咲いていたので、「庭の花がきれいですね」と話しかけましたが、その話には余り興味がなさそうでのってきませんでした。「梅雨どきは晴れていても、ジメジメしてさっぱりしないからいやだ」といったようなことを、繰り返し何回も言っていました。少しこちらの話とFさんの気分がかみ合っていないところがあるような気がしました。

その後、Fさんは自分の母親の話をしてくれました。夏でも着物を着ていたこと、丸髷《まるまげ》に髪を結っていたことなど、なつかしげに話してくれました。さらに、Fさんの家の隣は警察官の家でご主人はいつも立派な格好をして出勤していたこと、そのお陰で家は泥棒の心配がなくてよかったことなども楽しそうに話してくれました。そして、「最近ヘルパーさんが来てくれるようになって、家事をやってくれるので助かっている」など、日常の生活の話になりました。その後、息子のこと、亡くなったご主人のことなどいろいろ話してくれました。ずっとうなずきながら聴いていたら、最後にFさんが「少ししゃべりすぎたかな」と言って笑顔になり、とても楽しそうで前回と同じように元気になりました。1時間が過ぎたので、「体に気をつけてください」と言って失礼しました。

コメント

2回目になると緊張感が少しゆるんできたようです。今回ははじめ、なかなかこちらの話にのってくれないようで大変でしたね。梅雨どきはいやだ、と言っているので、気分が優れなかったのでしょう。しかし、このような時に傾聴ボランティアが来てくれたことで気分転換になり、嬉しかったに違いありません。だから前回と引き続いて昔のなつかしい話を沢山してくれたのですね。現在のこともまじえて昔のことは聴いてもらいたいのでしょう。高齢者の過去の話はいつもよいことが多くてめでたし、めでたしです。つまり、高齢者はそのようにして過去を受容し、自分自身をも受容していくのでしょう。このように自分の生きてきた道程を確認し、過去を受け入れ、未来をも受容していくことが、高齢者の安定につながるのだと思います。高齢者の心理療法としての回想法は、アメリカの精神科医R・N・バトラーによってはじめられましたが、自分の人生を振り返り、捉えなおすものとして評価されたものです。自宅で傾聴者にじっくり自分の過去を聞いてもらえることは、高齢者にとって生きがいにつながるものです。「少ししゃべりすぎたかな」と言っているFさんは、今の自分を取り戻しているのでしょうか。前回より打ち解けて沢山のことが話せたのでしょう。

3日目の記録（○月15日）

天気がはっきりしない日です。いつものように門のチャイムを鳴らすと、ちょっと間をおいてFさんが迎えてくれました。Fさんはいつも1人でいます。3回目なので慣れてきたのでしょうか、すでにお盆にお茶の用意などしてありました。私たちを歓迎してくれていることが分かり、嬉しく思いました。Fさんに合わせて話を聴くと話がはずみます。また昔の話になり、今回は家族の話が中心でした。義母にとても可愛がられたといった話でした。Fさんは料理が上手だったので、義母は何でもおいしい、おいしいと言って食べてくれたと話していました。よほど気に入られて嬉しかったようで、何回も繰り返し、楽しそうでした。義母が70歳をすぎて倒れてからは、ずっと介護していたことも話してくれました。いやなことや愚痴など全くなく、楽しいことばかりなので、若い頃の幸せな生活が浮かびます。楽しかったことを選んで話してくれているのでしょうか。「今日はもう終わりにしましょう」と伝えると、「次はいつ来てくれますか」と聞かれました。私たちとの関係がだんだんできてきたようです。話もざっくばらんになり、次回の訪問を楽しみに待っていてくれるようになりました。担当のケアマネージャーに連絡し、訪問について報告しました。

コメント

3回目になると話す方も聴く方もずいぶん慣れてきたようですね。お茶の用意をしてくれていたことからも、傾聴者が歓迎されていることが分かります。Fさんの話の中には何回も回想が出てきています。毎日聞かされると大変ですが、ボランティアは週に1回くらいなので新鮮な気持ちで聴けます。これが訪問による傾聴のよいところです。このような関わりがあることで、対象者の生活にハリが出て、毎日が少しでも楽しくなるのなら、こんなによいことはないと思います。これからもずっと続けてほしいと思います。

在宅での傾聴でもさまざまな場面があります。お茶やお菓子を出されて困ったこと、話をしているうちに話し手が泣き出してしまい帰れなくなってしまったこと、「ちょっとお願い」と言って用事を頼まれ、だんだんエスカレートしていってしまったことなどなど。しかし、一人暮らし丁寧の生活の中で定期的に話を聴きに来てくれる人がいると、どんなにか力強いことでしょう。丁寧に話を聴くだけで安心してもらえます。在宅訪問も実施しながら経験を重ね、よい傾聴ができるとよいと思います。その際、本人が抱える問題は多岐にわたり、地域と関わりのある問題も多くありますので、将来的には市などとの共同で実施できるとよいでしょう。

傾聴活動が大事だと言われている割に、実際にはボランティアにまかされている状態です。現状を考えながら今後どのようにすべきか、について考えてみました。

4　傾聴の展望

○ 高齢者介護における心のケア

私たちの住む社会では、高齢者であるだけでいくつも問題を持っています。よく、高齢者の状況は、引き算であると言います。健康、体力、経済、社会との関係、家族・友人などの人間関係、すべて年齢を経るに従い減っていくわけです。それだけでも、心に大きな負担を与え、ストレスになります。その上、予期しないさまざまな問題が起こり、若ければ容易に解決できたのにと思われる程度の問題も、重荷になってのしかかってきます。施設入所などの大きな環境の変化も、高齢になると受け入れがたいものですが、家族の負担を意識して、施設入居している人もいます。身体の不調も重なるとうつの原因にもなります。

元気そうに生活している人であっても、衰えていく能力を実感し、不安を持って生活している人は多いのです。このような困難の多い老年期を、たった1人で乗り越えるのは大変です。もし、高齢者によりそって、気持ちを理解し、負担を軽くしてあげられたら、高齢者の心はどんなにか楽になるでしょう。長い人生の最後の時を、信頼できる人に理解されて安心してすごせたら、どんなにか幸せでしょうか。実に、高齢者には心の支えが必要なのです。

本来であれば、施設にも数人のカウンセラーが必要ですし、また職員にゆとりがあれば、ゆっくり高齢者の話を聴くことも可能ですが、現状では無理な話です。また、居宅の人々も昔のように近所・隣の付き合いが豊富で、なにかと見守る、注意し合えるなどの関係があったり、親戚の人が訪ねてきたりするとよいのですが、現状ではこれもとても無理な話です。専門のカウンセラーでないけれども、高齢者をよく理解し、傾聴できる人の存在が必要です。こうした人が話を聴くことを通して、一人ひとり温かく受け止めていくようになれば、高齢者の人生は違ってきます。

◎多くの人々の関わりで変わる高齢者福祉

心のケアは、多くの施設の高齢者に必要とされながら、実際には施設ではその余裕がないところが多いのです。また傾聴に関する知識を持った人も少ないのです。そこでボランティアによる傾聴が実施されだしたのだと思います。傾聴は現在、施設での日常的な話し相手になるなど、比較的軽い問題に対応し、ボランティアとして任意で実施されています。しかし、傾聴はただ聴くだけではありません。人との関係の中で心の深い問題に触れることもあります。ちょっとした一言で人生が明るくも暗くもなります。会話を大事にし、受容的な姿勢で対応することが必要です。実際に高齢者に関わりながら、傾聴の能力を高め、対応の仕方を学び、高齢者の生活の質を高めていく努力が必要です。そうすることにより、高齢者に関わる私たちも多くのことを学ぶことができるのです。

このような高齢者に対する理解が多くの人々に行き渡れば、高齢者福祉全体の向上が期待できます。いずれは、誰でも高齢期を迎えるわけですから、高齢者に関わりながら高齢者についてて学ぶことを続ければ、社会ばかりでなく個人にとってプラスになることでしょう。

そして、傾聴を実際に行う時には、傾聴の知識を持って実施してほしい、と思います。そのような実践を通して、さらに力をつけたい人たちは、専門家を目指して勉強をはじめるでしょう。ある程度の知識と技能を持った人々には、必要な経費を払うようになれば、さらに傾聴は発展するでしょう。

◎ 必要な人すべてを対象としたい

実習をした人の中で「すべての人に傾聴は必要なのだ、と思いました。健康で普通の生活をしている人々は、家族、友達、職場の人たちと、意識せずに相互に傾聴をして問題を解決しています。そのような機会の少ない高齢者、障害者、病人など、すべての人々にとって傾聴は必要なのだと思います」という感想をよせてくれた人がいました。確かにそのような体制ができれば、安心できる人が増えるでしょう。

◎心のケアへの理解

誰でも、建物や設備ばかりよくて心のこもらない施設には入りたくないものです。そんな施設では、高齢者は病気になりやすく寿命が短いだろう、ということは容易に想像できます。建物や設備はさほど立派でなくてもよいのですが、心のこもったケアが必要なのです。実際、職員が多く、ゆったりと入居者の話が聴けるような施設では、高齢者の表情も晴れやかなものです。

これまでの種々の研究によれば、適切なケアが受けられれば、高齢者の知的な能力の回復も不可能ではないことが分かっています。穏やかで安定したところで、ゆっくり話を聴くだけでいいのです。それだけで心身が回復できるのです。心のケアは人間関係が基本となります。高齢者の自尊心を大事にした関係を作れれば、そこで心身が癒されるのです。

そういった意味で、傾聴は重要な意味を持っています。そして傾聴を適切に行うためには、基本的な能力と技術が必要とされています。

5　これから傾聴をはじめたいと考えている方へ
——著者の取り組み

◯傾聴のはじめ

シニアセラピーの立ち上げ

著者は、高齢者のためにはセラピー（傾聴）が必要だと思い、研究所設立のための準備をしていました。そしてシニアセラピー研究所を2000年に立ち上げました。この年は、ちょうど介護保険がはじまった記念すべき年で、実際の活動はこの年からはじめました。シニアセラピー研究所は高齢者のためのボランティアと研究のための場所です。研究やボランティアの目的は、実際に高齢者施設を訪問し利用者と接し、高齢者にとって何が重要であるかを理解し、心のケアを実現することでした。そのために傾聴により、対象者の心を理解し、ケアし、学ぶということでした。

発足当初は、毎週土曜日に1日2か所の施設訪問をしていました。その後、しばらくしてからは隔週土曜日、1か所の訪問となり、この訪問ペースで12年間続けました。当初、ボランティアとして参加したのは、ほとんどが専門職と言われている社会人でした。職種としては、介護福祉士、保健師、看護師、ケアマネージャー、小・中・高教員、大学教員、専門学校教員、保育士、指導員、薬剤師、栄養士、心理学者、美容師などでした。活動を続けているうちに、一般の人々や学生が加わるようになり、最終的には参加者のほとんどが学生と一般の社会人になりました。学生の中には片道3時間かけて来てくれた人もいました。

訪問では芸術療法として、絵を描いたり、箱庭をつくったり、音楽遊び、昔遊びなどをしましたが、実のところ、芸術療法は、話を引き出す糸口であり、言語で話ができない人々の内面を理解するためのひとつの手段にすぎず、セラピーの目的は傾聴でした。傾聴から、すべてがはじまると思ったからです。

当初より、高齢者の心を理解し、ケアの質の向上を目指すといった目的がありましたので、1日が終わった後の話し合いは、かなり活発なものとなりました。

結果として得られたもの

基本は、常に話を聴くということでした。しかも「じっくりと丁寧に聴く」ということです。そうしているうちに、対象者とそれなりの深い話ができるようになり、仲良くなれたばかりでなく、対象者もセラピーに積極的に参加してくれるようになりました。そして対象者は、訪問をいつも心待ちにしてくれるようになりました。対象者は、認知症が重くなっている人が多いのですが、一人ひとり丁寧に話を聴いていくうちに、これまでできなかったことができるようになるとか、言葉が多くなる、表情が豊かになるといった変化が見られるようになりました。そこで分かったことは、一人ひとりの対応が大事だということでした。かなり重い認知症の人でも丁寧に話を聴いていると、その人らしい進歩が見られるのです。ある意味では、傾聴により認知症が軽くなるとも言えます。そのように能力が開発されるのは、その人が個人として尊重され、大事にされた時に可能となることも分かりました。話す内容は簡単であり、言葉もゆっくりですが、真意は通じるのです。また、重度の人ほどノンバーバル（非言語的）な交流も必要になります。自由に自分らしさを表現した人々が、次第に顔色、顔つきがよくなり、日常活動においても、やる気、元気も出てくるように思われました。著者たちのできることは、施設の職員の努力と比較したらほんのわずかでしかありません。しかし、心身ともに回復していく状態がよく分かりました。

この経験から、多くの一般の市民が傾聴活動をしたら大きな力となって、高齢者福祉に貢献できるのではなかろうかと考えました。そのためにも、傾聴活動を一般的にひろめる必要があると思いました。

○ 市への働きかけ

市が協働事業を募集していることが分かり、市民活動団体と市の協働事業として「中高年齢者対象の初級傾聴ボランティア研修会」を開催することを提案しました。そして運よく提案を採用してもらえることになりました。事業の目的は、「地域の中高年齢の人たちが、傾聴ボランティアとして施設を訪問し高齢者との交流を増やし、問題を解決するための予防的な存在として機能する」というものです。この研修は、傾聴ボランティアを養成することが主たる目的ですが、中高年齢の人たちがこのプログラムに参加すること自体が当事者の介護予防につながる、ということで介護予防も目的とされていました。つまり傾聴のための研修は、傾聴の対象者を援助するためだけでなく、研修参加者にとっても老化予防につながるものなのです。ボランティアをしながら自分も勉強し、若返り、元気になることができるという提案でした。

◎はじめての試み――傾聴実習

研修では予めボランティア養成を授業だけで終わらせないために、研修中に実際に傾聴を実施する計画を盛り込みました。初級においては、4日間の施設実習を実施しました。実習先の開拓、実習生に対する指導、実習先との連絡・調整、万が一の事故などにそなえるなど、スタッフの仕事は大変なものでしたが、実習があったため研修はより充実したものとなりました。

実習の成果として、施設との太いパイプができ、実習後も引き続いて訪問を続け、傾聴ボランティアをしている人もいます。

振り返ってみると毎回の研修は、試験や宿題なども含まれかなりハードなものでしたが、参加者はとてもよく頑張りました。すべての研修が終わった後、参加者は自主的に「傾聴勉強会」をつくりました。入会は任意ですが、ほとんどの人が勉強会に参加して、その後も傾聴の勉強を続けています。

○一般社団法人シニアセラピー研究所（デイサービス・居宅介護支援）千恵の輪の立ち上げ

傾聴活動（カウンセリング）の行きついたところが、傾聴を中心としてケアができる施設を作る、ということでした。そこで傾聴活動や高齢者福祉・介護に強い関心を持つ仲間が集まり、高齢者の幸せを実現するためのデイケアとして２０１０年5月にデイサービス千恵の輪（埼玉県所沢市久米）を立ち上げました。そして千恵の輪は順調に発展し２０１４年の現在で創立後5年目を迎えました。

勉強を続けています

これまでを振り返ると世の中の高齢者に対する理解はかなり進み、介護の方法も進歩しました。千恵の輪でもスタッフは心理学（傾聴・カウンセリング）や介護の知恵や技術を学び実践を続けました。おかげさまで人間関係のありようで人は向上する、という創立からの理念を実証できる日々が続き施設は発展し続けています。

学びを実践しています

毎日の生活では傾聴を基本に利用者の心を聴くことを中心にしています。アクティビティでは能力の開発・活性化を目標に絵画・造形・文学・手芸・音楽・ゲーム・料理教室・外出・脳トレ・料理教室など、計画のもとに利用者の興味をひきだす内容を日々実施しています。利用者の潜在的な能力は高く、作品や活動はご家族・スタッフ・ケアマネージャー・訪問者から高く評価されています。

皆さまから学んでいます

利用者・家族からもたくさんのことを教えていただきました。さらに仲間同士の話し合いや勉強会を重ね、時には緊張した議論も経ながらスタッフも成長してきました。スタッフが新しい知識や技能を学び続けることは千恵の輪のかわらないモットーです。

○　千恵の輪の３つの目標

(1)デイの生活が楽しいこと。そのために個別にお話をじっくり聴いています。(2)自立をめざす。(3)潜在能力を開発すること。

(1)デイの生活が楽しい

①スタッフと信頼関係がもて、お友達ができること。なんでも話せるなんでも聴いてもらえる関係を作ることができ、いつもはじけるような笑い声や楽しいイベントがあります。

②久米の水天宮の近くで環境がよい

千恵の輪の景色や環境を楽しみ、柳瀬川のせせらぎを聞きながらコーヒータイムをのんびりと過ごします。

③お風呂を楽しむ

洗えないところは優しい手がお手伝いします。

④おいしい手づくりランチ・おやつ

スタッフと一緒にできたてを召し上がっていただきます。時にはスタッフと一緒に調理します。メニューは豊富で食べたいものをリクエスト　肉・さかな・たまにはバーベキュー・焼きそばも　個人の希望を尊重します。

(2)能力に応じた自立への道→生活の自立をめざす。

①身辺処理：着脱衣・排泄・食事のケア

②スーパーへ買い物・ポストへ手紙を出す・公民館へ遊びにいく

③レストランへ食事にいく

⑶能力開発――種々の刺激が能力を活性化

脳に潜在している沢山の能力を開発します。お仲間と一緒だからできなかったことが自然にできるようになります。次のようなメニューを毎日、利用者のご希望により選びます。

①読み、書き、計算などの脳トレ
②料理・おやつ作り
③茶道・華道・書道（利用者に先生になっていただくこともあります）
④曼荼羅写色・描画・写生・刺繍・コラージュ制作など
⑤楽器演奏（大正琴・フルート・ハーモニカ）
⑥音楽鑑賞（クラシックからタンゴ・民謡まで）
⑦ＤＶＤ鑑賞（世界の音楽・心に残るアニメなど）
⑧体の機能訓練：手指の体操・ラジオ体操・棒体操・ボール体操・自律訓練法・気功吹き矢（手近な小道具［ボール・ポールなど］は使いますができるだけ１対１対応で器具まかせにはしません）
⑨季節に応じてドライブ・散策、花見（航空公園・多摩湖）、紅葉狩り（八国山・多摩

湖）、お寺めぐり、陶芸工房訪問、近隣施設利用（公民館・福祉施設）など
⑩美容指導（美容師による美容施術によりハリのある毎日を！）
⑪時には外国人との交流
⑫園芸：施設のまわりに草花を植える。１人１鉢を育てる。

これから個人で傾聴をはじめようと思っている人は、以下のところで情報が得られます。

地域の福祉事務所、または社会福祉協議会

私が関係している傾聴講座に関しては、左記までご連絡ください。

一般社団法人シニアセラピー研究所（デイサービス・居宅介護支援）千恵の輪
住所　〒３５９―１１３１　埼玉県所沢市久米２０１７―５
電話　０４―２９２６―２６２２　ファックス　０４―２９６８―９９４６
Eメール　chieko112001@ybb.ne.jp

傾聴とか傾聴ボランティアという言葉がいつの間にか、一般的に普及してきました。特に老人福祉の世界では、知らない人はいないというのが実情のようです。それほど老人福祉では傾聴が必要とされているとも言えます。

しかし、実際に、どのようなことをする人かと尋ねられると「ボランティアで話を聴く人」という以上に答えられる人は少ないでしょう。確かに話を聴くことを主体にした活動なのですが、「話を聴く」ことは、基本さえ理解すれば誰でも気軽にできますが、何の知識もなく聴いたとすると大変な問題にぶつかります。

単純に、昔あった井戸端会議のようなものや気軽におしゃべりを聞くことですむ場合もあるのですが、そうでない場合には、複雑な問題が絡み合ったりすることも多いと思います。そのような場合には、どのような対応をするべきかについて、事例をあげて説明することもできるでしょう。しかし、事例には普遍性がありません。数知れずの事例を用意することは不可能です。

そこで、本書では多くのカウンセラーが、一応、身に付けているロジャーズのカウンセリング理論を中心に述べました。初心者のカウンセラーが学ぶカウンセリングの基本でもあります。これを身に付けることは難しいことではなく、むしろ、ノウハウ的に面接のコツを学ぶより容易であり、秩序立てて学習できます。実際の場面では、傾聴をする人は、専門のカウンセラーが対象とする場合と区別ができないような内容に取り組む場合も多いのです。

　また、基本の「先」を身に付けたいと思う人々も多いに違いありません。傾聴を志す人たちの知的関心、人間関係への対応能力の素晴らしさを、私はよく理解しています。傾聴をしようと思った人たちは、元来、人に関する関心も強いのです。そのような人には、ご自分でその「先」を学んでほしいと思っています。その意味では、この本が、出発点としての役割を果たしてくれると嬉しいと思います。専門、非専門を問わず、人を相手にする仕事は一生勉強なのです。

　人生90年と言っている学者がいます。これからの「人生は長い」と思って、この本を通じて、楽しく勉強する基礎を提供できたとしたら光栄に思います。また、傾聴の技術を身に付けた読者をはじめとした一般市民の人たちが皆で高齢者を見守ることができたら、どんなにか素晴らしいでしょうか。そうであれば、皆が安心して老いることができると、楽しみにしております。


　本書は多くの方々のご協力をいただきました。

まず語り部となって私たちに沢山のお話をしてくださった高齢者の方々、研修や実習に参加して下さった市民の方々、実習を快く引き受けてくださった高齢者施設の方々ありがとうございました。

群馬県太田市で高齢者支援に取り組んでいる「NPO法人ほほえみの会」の酒井晃洋さんには多くの傾聴の場を設定していただきました。さらに本文に対して沢山の助言をいただきました。心からお礼を申しあげます。

群馬県長寿社会づくり財団では3年間にわたり講座を開催していただきました。

公益財団法人群馬県健康づくり財団あさを賞からは研究費と出版費の一部を援助していただきました。関係した多くの方々に深く感謝申しあげます。

最後になりましたが学苑社佐野正会長の温かい励まし、杉本哲也社長の懇切丁寧な編集・校正のおかげで今回も再出版が実現しました。ありがとうございました。

２０１４年11月

原　千恵子

著者紹介

原　千恵子（はら　ちえこ）

心理学博士、臨床心理士
山野美容芸術短期大学教授・東京福祉大学・大学院教授を経て、
平成22年一般社団法人シニアセラピー研究所設立
現在、デイサービス・居宅介護支援 千恵の輪主宰
著書　『実践から学ぶやさしい臨床心理学』（共著）　学苑社
『心理学AtoZ』（編著）　学苑社
『老年心理学』（共著）　培風館

※本書は2009年に『傾聴・心を聴く方法―高齢者支援のための理論と実践』として刊行した書籍の全面改訂増補版となります

高齢者カウンセリング
――傾聴からはじまる出会い

2014年11月20日　初版第1刷発行

著　者　原　千恵子
発行者　杉本　哲也
発行所　株式会社学苑社
東京都千代田区富士見2－10－2
電話　03（3263）3817
Fax　03（3263）2410
振替　00100-7-177379
印刷　藤原印刷株式会社
製本　株式会社難波製本

検印省略

乱丁落丁はお取り替えいたします。
定価はカバーに表示してあります。

ISBN978-4-7614-0768-1